ディズニーに行く前に知っておくと得する66の知識

文響社

はじめに

あわただしい日常の中では、忙しさに負けて心がちょっとすさんだり、なんだか刺激が足りないなぁ……と感じがち。そんな私たち現代人に「夢」や「希望」、「冒険心」や「想像力」といったうるおいを与えてくれるのが東京ディズニーリゾートという場所です。

ディズニーリゾートは、それまで「遊園地」（＝子どもの遊び場）と言われていた場所を「テーマパーク」として洗練させ、子どもも大人も、誰もが楽しめるエンターテイメント空間として進化させました。

従業員を「キャスト」と呼び、私たち来園者のことを「ゲスト」と呼ぶ。人を楽しませようという気持ちだけでなく、知恵や技術が驚くほどたくさんちりばめられ、それが仕組みとして徹底されています。

その結果、年代や性別を問わず、たくさんの人をひきつけてやまないパークになったのですが……しかし一方で、常に多くのゲストでにぎわうために、長い待ち時間や忍耐が必要なのも大きな事実。

しかも、パークができてから30年以上。その歴史の中で、**パークに「詳しい人」と「そうでない人」の差……言い替えれば、「得をする人」と「損をする人」の差がどんどん広がってきているという現実もあります。**

パーク側も訪れるゲストの趣味趣向や要望の変化を敏感に感じとり、その内容は日に日に多彩になってきているのですが、反面、詳しくない方には「ちんぷんかんぷん」なことも多くなっているでしょう。

アトラクションのファストパスの取り方、パレードやショーの楽しみ方、持ち物や食事の場所、そもそも行くべき日などなど――実にたくさんの「気をつけるべきポイント」があります。

もちろん、「なんとなく」行っても楽しいとは思うのですが……せっかく行くのであれば、思う存分楽しんだり、効率的に遊んだり、素敵な思い出をつくりたくはないでしょうか？

なにせ、パークに入るためのパスポートはお世辞にもお手頃な価格ではありません。

そこで本書では、**年間パスポートでパークに通って10数年の筆者が、自分の「足」と「目」で実際に感じたパークの歩き方、過ごし方、楽しみ方を紹介しています。**

パークを訪れたことがないという方から、中級者、上級者にいたるまで、幅広い方々がパークをより一層楽しむためのポイントについて、**一般的なガイドブックのような説明ではなく、現実的な部分を本音で答えることを目指した本です。**

解説するにあたっては、ディズニーにまったく興味がない人から頻繁に行かれる人まで、さまざまな人の質問を元に、筆者の主観も多分にありますが、答えさせていただきました。

本書が、パークを訪れる方にとってほんの少しでも「お得」になることを願って、ディズニーへの冒険のお手伝いができれば幸いです。

※本書の内容は、2015年4月1日現在までの情報を元に構成されています。また、筆者の経験や見解にもとづいた意見が含まれており、これらは公式な見解ではありませんので、ご了承ください。

Q1 行くならランドとシーどっち？

A にぎやかにいきたいならランド、大人気分を味わいたいならシー

東京ディズニーリゾートの2つのパーク。簡単に言ってしまうならば、「明るくにぎやかなキャラクターショーや夢と魔法の空想世界にひたりたいならディズニーランド」、「美しい風景やストーリー、美味しい料理やお酒、落ち着いた雰囲気を楽しみたいならディズニーシー」というのが大まかなポイントです。

ディズニーランドは絵本やファンタジーのような世界で、非日常の空間です。明るくにぎやかな音楽と原色に彩られた世界。ディズニーアニメや映画の世界に登場するキャ

ラクターが多く登場し、心温まるテーマパークです。

対して**ディズニーシーが基本としているのは、現存する、または現存したリアルな世界の風景**で、「異国情緒漂《ただよ》うパーク」とよく表現されます。料理やお酒にもこだわりがあり、アトラクションや建物、風景などの背景にある物語（BGS：バックグラウンドストーリー）もつくりこまれており、時代背景や物語がしっかりしている特徴があります。

ざっくりと言えば、「ランドは家族やファミリー向け」、「シーはカップルや年配の方向け」と区別できるでしょう。

ディズニー雑学

まだバリアフリーに関する法律などがほぼなかった頃にオープンしたランドは、身障者用エレベーターやスロープなどが建物外部などに追加でつくられている場合が多い。対してシーは最初から設計やデザインに組み込まれてつくられており、違和感のない風景になっている。

Q 2

それぞれのエリアって、何がどう違うの？

A

ストーリーが設定されており、建築物からゴミ箱までデザインなどが反映されている

ランドとシーの中にはそれぞれ、7つの「テーマ〝ランド〟」と7つの「テーマ〝ポート〟」が存在しています（シーは第8のテーマポートができると発表されています）。

これらエリアにはそれぞれコンセプトがあり、エリア内のアトラクションやレストラン、ショップ、ゴミ箱にいたるまで、細かくつくりこまれています。

たとえばディズニーシーのアメリカンウォーターフロントは、主に1912年のアメ

リカ、ニューヨークが舞台となっています。この頃のニューヨークは発展めまぐるしい時期で、交通手段も「馬車」から「自動車」へと移り変わる時代。そのため、エリア内のプレートには「NO HORSE DRAWN CONVEYANCE（ここは馬車の通行は禁止です）」と書かれていたり、街灯も「ガス灯」と「電灯」が混在しているなど、人々の暮らしが大きく変化していく時代が表現されています。

一方、ランドのテーマランドを大きく分けると南北が「現実（ワールドバザール）」と「夢（ファンタジーランド）」で、東西が「未来（トゥモローランド）」と「過去（ウエスタン、アドベンチャーランド）」になっているなど、奥行きのある世界が広がっているのです。

ディズニー雑学

各エリアの境界線には「水が流れている箇所」が多く見られるが、これは双方のエリアに流れている音楽（BGM）をこの境目《さかいめ》を入れることによって、違和感なく次のエリアのBGMになじめる配慮がされているため。

ディズニーランド

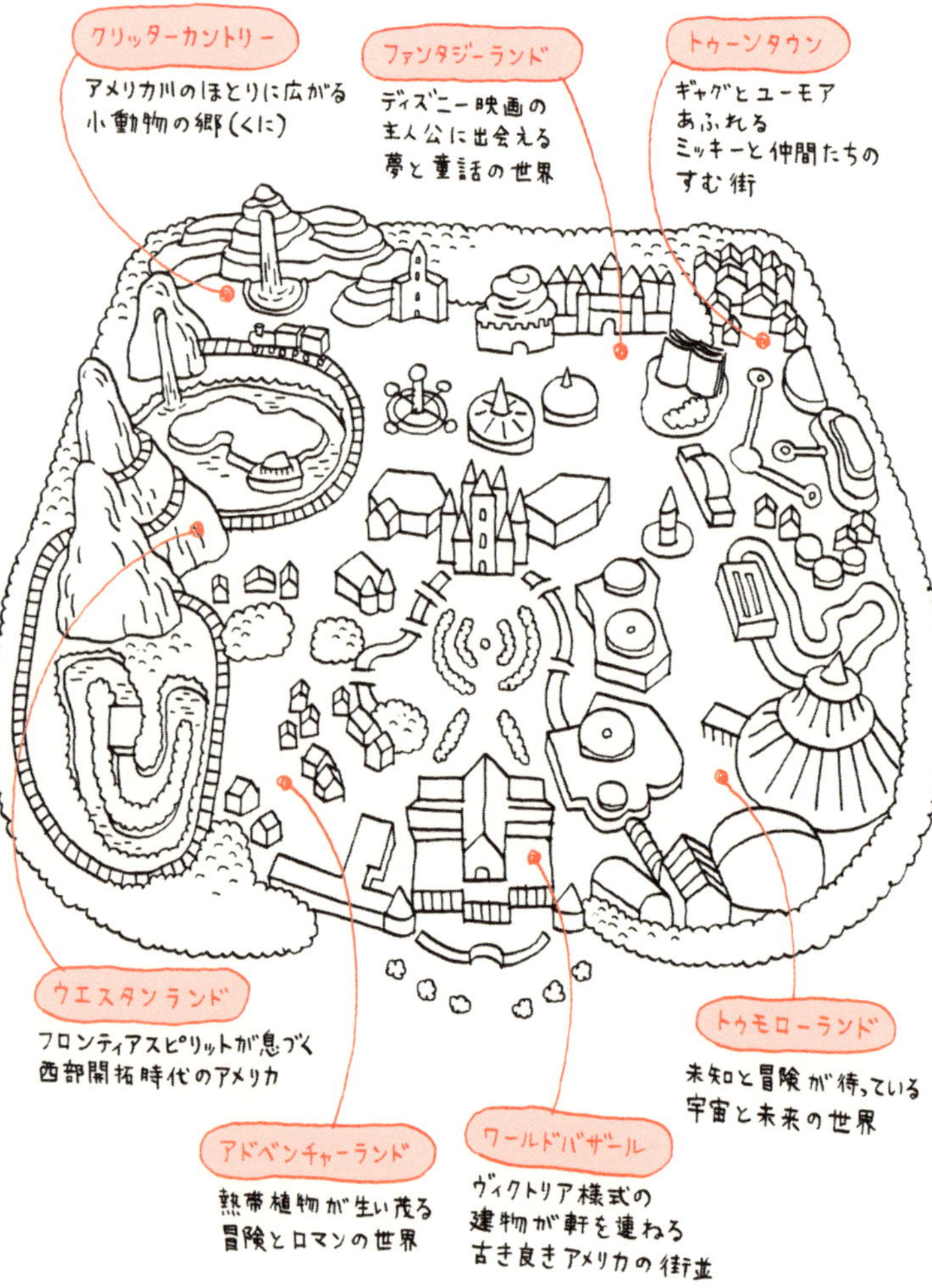
クリッターカントリー
アメリカ川のほとりに広がる
小動物の郷(くに)
ファンタジーランド
ディズニー映画の
主人公に出会える
夢と童話の世界
トゥーンタウン
ギャグとユーモア
あふれる
ミッキーと仲間たちの
すむ街
ウエスタンランド
フロンティアスピリットが息づく
西部開拓時代のアメリカ
トゥモローランド
未知と冒険が待っている
宇宙と未来の世界
アドベンチャーランド
熱帯植物が生い茂る
冒険とロマンの世界
ワールドバザール
ヴィクトリア様式の
建物が軒を連ねる
古き良きアメリカの街並

ディズニーシー

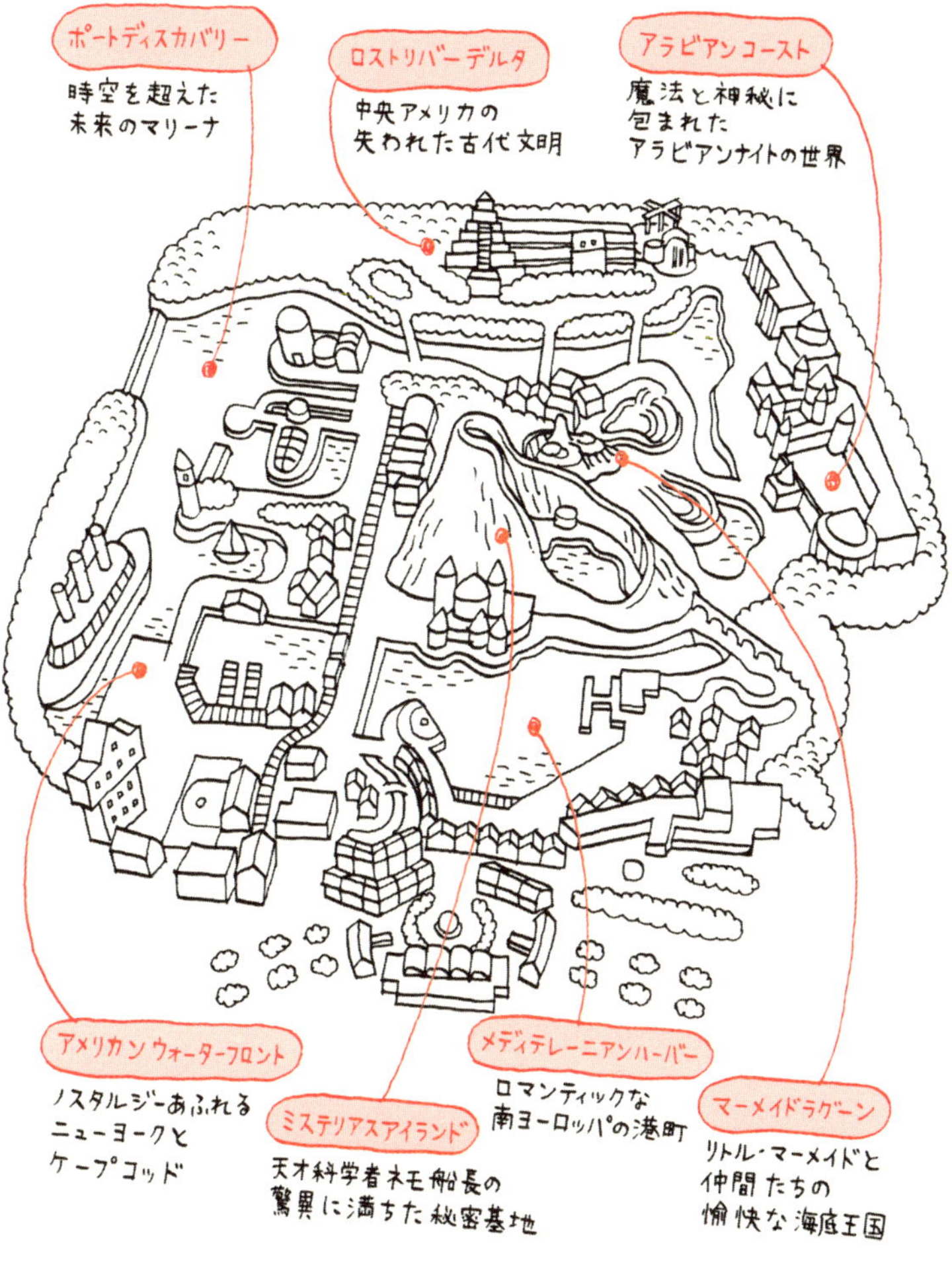
ポートディスカバリー
時空を超えた
未来のマリーナ
ロストリバーデルタ
中央アメリカの
失われた古代文明
アラビアンコースト
魔法と神秘に
包まれた
アラビアンナイトの世界
アメリカンウォーターフロント
ノスタルジーあふれる
ニューヨークと
ケープコッド
ミステリアスアイランド
天才科学者ネモ船長の
驚異に満ちた秘密基地
メディテレーニアンハーバー
ロマンティックな
南ヨーロッパの港町
マーメイドラグーン
リトル・マーメイドと
仲間たちの
愉快な海底王国

Q 3

どうすれば効率よく回れる？

A

「次の次」を考えて動きにムダをなくすこと

人気アトラクションにたくさん乗るなど、パーク内を効率的に回るコツを一言でいうならば「次の次」の予定を考えながら動き、ムダな時間を極力少なくすることです。

たとえば入園制限がかかるくらいの大混雑時に、朝ゆっくりとパークに入って、そこから効率的にアトラクションを回る……といってもこれは難しいので、できるだけ早く来園し、あとは「細かなテクニックの積み重ね」で効率的に回れるように動くことです。

では、細かなテクニックはどういうものなのか？ 紹介していきましょう。

Q 3

どうすれば効率よく回れる？

○できるだけ朝早い時間に到着し、まだ空いているうちに多くのアトラクションに乗る
○食事の時間を早めにずらすことでレストランの待ち時間を減らす
○おみやげは混雑する閉園間際には買わない
○パレード・ショー終了直後のアトラクションは人が集中するので絶対並ばない（ファストパスを取っていたとしても、直後は人が殺到するので時間をずらす）
○シアター系アトラクションは待ち時間が短いのであとで乗る
○待ち時間が短いアトラクションのファストパスは取らない
○アトラクションは「早く乗る」のではなく、「早くファストパスを取る」を優先
○他人と同じ混雑する流れ（例:「トイ・ストーリー・マニア！」↓「タワー・オブ・テラー」↓「センター・オブ・ジ・アース」など）に合わせない。常に早めに行動。
○無理な計画は失敗の元。間に適度な休憩と、できれば長めの休憩を設ける

といったように、一つひとつは簡単なことなのですが、これらを複合的に実践するのが最大のコツです。

ランドの例

入園　→　「モンスターズ・インク」のファストパスを取る　→　「バズ・ライトイヤーのアストロブラスター」もしくは、「プーさんのハニーハント」にスタンバイで乗車。→「スプラッシュ・マウンテン」や「ビックサンダー・マウンテン」

※ただし、多くの方が同じ流れになる可能性が高いので、スタンバイ時間を見ながら

シーの例

入園　→　「センター・オブ・ジ・アース」のファストパスを取る　→　遠いほうの「インディ・ジョーンズ」や「レイジングスピリッツ」にスタンバイで乗車

※「トイ・ストーリー・マニア！」に乗るかどうかで予定の組み方が変わる

ランドの傾向としては待ち時間が長くなるいずれかのアトラクションのファストパスを取り、近くのものからスタンバイで乗っていくのが効率的です。

一方シーについては「トイ・ストーリー・マニア！」に一極集中する傾向が強いので、むしろ先に「センター・オブ・ジ・アース」のファストパスを取ってから奥にある「インディ・ジョーンズ」や「レイジングスピリッツ」にスタンバイで並ぶというのも効率的な方法と言えます。

特に、朝早めの時間に入園できない場合、「トイ・ストーリー・マニア！」のファストパスは取れないケースが多くなります。

スタンバイの場合、確実に長時間待ちになるので、これに乗るか乗らないかで全体の予定が大きく変わっ

てきます。

その場合はいっそのこと「トイ・ストーリー・マニア！」はあきらめるのも手。混雑状況や同行者の意見を聞きながら決めましょう。

ディズニー雑学

「トイ・ストーリー・マニア！」は両パークのアトラクションを合わせてもダントツの混雑度。朝一番に入園して、かなり早くアトラクション前に到着したとしても、すでにディズニーホテル宿泊者のアーリー入園者で待ち時間は40～60分待ちになっている。ただし、冬～春にかけてのキャンパスデーシーズンにはタワー・オブ・テラーのほうが待ち時間が長くなることがある。

Q4 どのファストパスを取るべき？

A 待ち時間の長いアトラクションを優先して取ると効率がいい

アトラクションを効率的に楽しむために最も重要ともいえるのがファストパスを取る順番です。一般的な週末で取れる枚数は1日3～4枚ほど。しかし、効率的に動けばさらに「プラス1枚」が可能になります。

基本的な考え方としては、「待ち時間が長くなるアトラクションを優先して取る」こと。反対に、待ち時間が少なめのアトラクションは「取るべきではないファストパス」です。

次の表は、「平均的な土曜日」の12時頃の待ち時間です。**ファストパスはこのリスト**

ランドの人気アトラクション

待ち時間	混雑度	アトラクション名	週末の平均的待ち時間
長い	高	モンスターズ・インク	100分
↑		スプラッシュ・マウンテン	90分
		プーさんのハニーハント	90分
	中	バズ・ライトイヤーのアストロブラスター	80分
		ビッグサンダー・マウンテン	70分
		スペース・マウンテン	60分
↓	低	ホーンテッドマンション	50分
短い		スター・ツアーズ	40分

※ホーンテッドマンションが「スペシャルバージョン」になるときは一気に待ち時間が増えます

シーの人気アトラクション

待ち時間	混雑度	アトラクション名	週末の平均的待ち時間
長い	強	トイ・ストーリー・マニア！	140分
↑	高	タワー・オブ・テラー	80分
		センター・オブ・ジ・アース	70分
	中	レイジングスピリッツ	60分
		インディ・ジョーンズ・アドベンチャー	60分
	低	マジックランプシアター	30分
↓		ストームライダー	20分
短い		海底２万マイル	15分

の**「上から取る」**のが**最も効率的**だと言えます（ただし、常にこの順番ではないので、「目安」としてお考えください）。

最も混むアトラクションと空いているアトラクションはほぼこの傾向で間違いありませんが、それ以外のものは大きな差がない場合もあります。

となると、**「取らなくてもいいファストパス」は、ランドでは「スター・ツアーズ」、シーでは「海底2万マイル」や「ストームライダー」**でしょう。

これらは比較的待ち時間が短く、回転も早いのでファストパスを取るよりもスタンバイで並んでしまう場合や、空くまで待ったほうが効率がよくなることもあります。

入園制限クラスの混雑時には100分を越えることもありますが、この3つだけは長時間待ちがそれほど続かないのと、比較的遅くまでファストパスが残っていることが多いので、他のアトラクションと見比べながら必要に応じて取得しましょう。

コースター系は「シングルライダー」制度で時間節約

ちなみに、シーの「レイジングスピリッツ」には「シングルライダー」という制度があります。これは、ゲストが奇数グループの場合にできる空席に、1人乗車のゲストを埋めていくというサービスです。入口でその旨を伝えれば乗り場直前まで案内され、うまくいけば長時間待ちでも5〜10分くらいで乗れてしまう場合もあります。同じくシーの「インディ・ジョーンズ・アドベンチャー」もこの制度が使えます。

ランドでは「スプラッシュ・マウンテン」で利用できますが、こちらは「隣のゲストと密着するような狭い座席の空間で相席」になるので、ちょっと気が引けてしまうかもしれません……。また、最近は認知度が上がってきているため、混雑日にはシングルライダーでも混雑することも。待ち時間を見ながら同行者と検討してみてください。

ディズニー雑学

ファストパスは「次の発券可能時間まで2時間」と思っている人が多いが、入園開始直後の朝早い時間に取得すれば、次の発券可能時間まで40〜50分とかなり短いことも。朝の入園後は何より先にファストパス発券を優先するのがポイント。

Q 5

どれくらいの待ち時間なら「乗るべき」？

A

人気アトラクションなら、「60分」は乗るべき

ディズニーの名物であり、最大の敵はアトラクションの待ち時間です。

いったい、どれくらいの待ち時間だったら乗るべき基準になるのでしょうか？

まず、もちろん時期や季節で状況は大きく異なりますが、待ち時間には「だいたいの傾向」があります。

次の表は、ファストパス対象の主要人気アトラクション「スプラッシュ・マウンテン」「バズ・ライトイヤーのアストロブラスター」「プーさんのハニーハント」「モンスターズ・

Q5

どれくらいの待ち時間なら「乗るべき」？

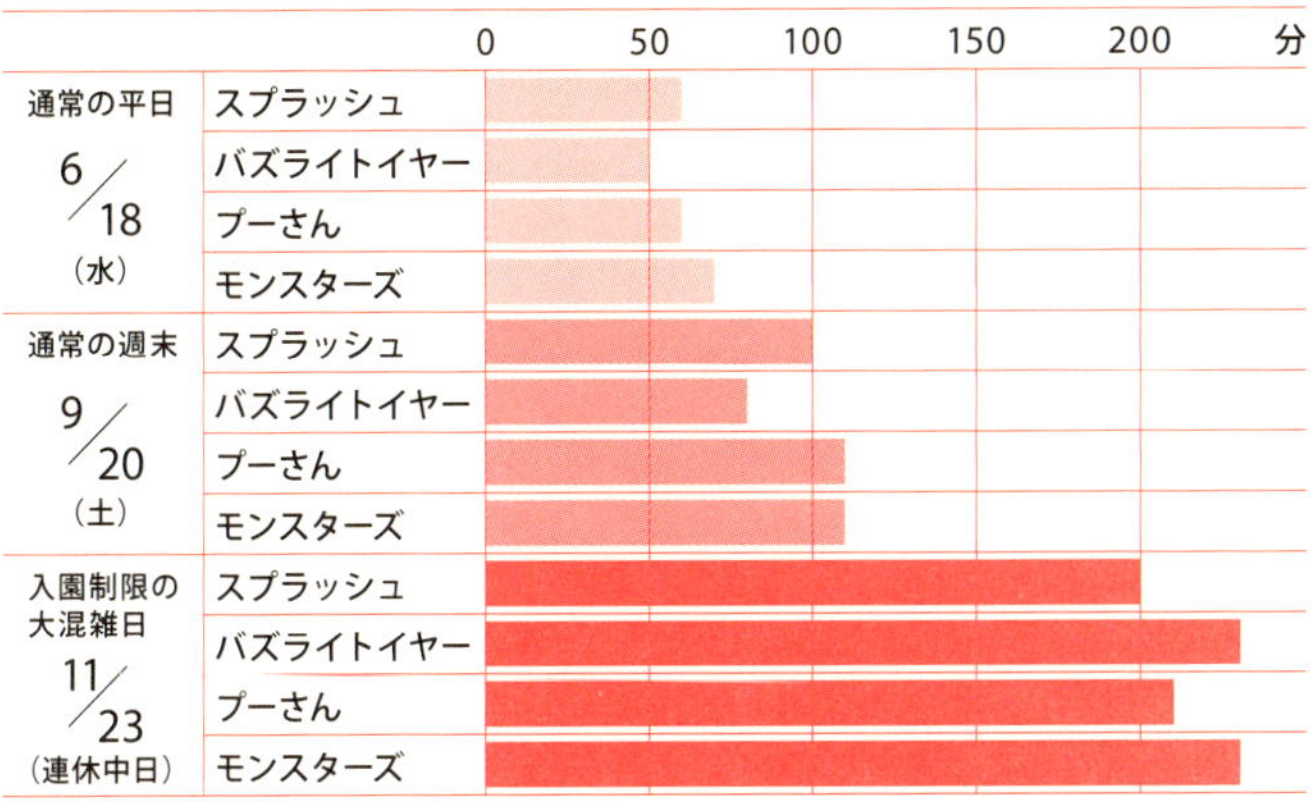

インク〝ライド&ゴーシーク！〟」の待ち時間を比較したものです。

平日は「だいたい1時間程度」。土曜日では90～120分となるイメージでいいと思います。

しかし、**連休中日《なかび》や春休みなどの超混雑日は200分以上になってしまう**……というのが基本的な待ち時間の傾向です。

季節イベントや天候にも左右されますが、この傾向はほぼ変わらないと思っていただいていいと思います。

パークに慣れたリピーターの感覚からすると、土日や連休の中日に「プーさんのハニーハント」のような人気アトラクションが60分待ち……という場合は、かなり空いている。「待つうちに入らない」くらいの待ち時間です。そんな時は、迷わず「乗るべき」でしょう。

現在は携帯サイトでもリアルタイムな待ち時間がわかりますので、自分が行く予定に近い時期の平均的な待ち時間などを知っておくのもいい方法です。

ディズニー雑学

待ち時間の最高記録は2012年7月16日に「トイ・ストーリー・マニア！」で記録した500分（8時間20分）。他にも「モンスターズ・インク〝ライド&ゴーシーク！〟」がオープンした年のゴールデンウィークに記録した380分というのもある。

Q 6

ディズニーに来たなら「乗るべき!」アトラクションって?

A 一番人気の「モンイン」「トイマニ」は、やはりいい

数あるアトラクションはそれぞれのよさがありますが、物語やこだわりの深さ、ファンタジー要素、スリル、待ち時間に対する充実度などから総合的に考えて、「これは乗っておくべき!」と思えるアトラクションをここでは紹介します。

これらは、もちろん筆者の独断と偏見によるものですが、こだわりの細かな物語や、他にはない設定の深さなどを中心に選出してみました。とりあえずこれに乗っておけば間違いない……かも?

ディズニーランド

スプラッシュ・マウンテン

魅力なのは滝壺の急降下だけでなく、途中の物語やこだわりが細かくつくり込まれており、さらに乗車時間が約10分と長く満足度が高い(スペース・マウンテンは3分、ビックサンダーは4分)。

モンスターズ・インク“ライド&ゴーシーク!”

映画のその後を描いており、実際に映画に登場した場面がたくさん登場。懐中電灯でモンスターを照らすと反応するという「参加型」で、幅広い年代で楽しめる。映画を観ておくとより楽しめる。

ビッグサンダー・マウンテン

コースター系の代表格。スリル系が苦手な人でも「怖いと感じる少し手前」に調節されており、速度が落ちて同乗者と会話ができるポイントがあるため、体験を共有しやすい。また、物語やプロップス(小物)もしっかりつくりこまれており、世界観が魅力的なアトラクション。

ディズニーシー

トイ・ストーリー・マニア!

「3D シューティング」という新しい分野で、スピーディーな展開と的を狙って最後に点数が出るという達成感が味わえるアトラクション。シーに行くなら絶対おすすめ…… と言いたいところだが、ダントツ人気を誇るので、「これに乗るために他の予定を1つ2つあきらめるぐらいの覚悟」で行く必要がある。ただ、その価値は十分にある楽しいアトラクション。

タワー・オブ・テラー

ディズニーリゾート唯一の垂直落下のアトラクションということだけでなく、綿密につくられたバックグラウンドストーリーは、1度や2度乗っただけではわからない細かなこだわりが。映画化されてもいいくらいの深さがある。建物左側にある掲示板の裏に貼られた新聞記事などはじっくり見たいところ(ただしほぼ全部英語)。

センター・オブ・ジ・アース

シーのシンボル、パーク中央にそびえるプロメテウス火山から落下するアトラクションだが、地下800メートルまで潜っていく「エレベーター」ならぬ、「テラベーター」(「terra(地球)」と「elevator」をあわせた造語) 内部の細かな演出と、通常のジェットコースターのように慣性で落下するのではなく、F1マシンに搭載される規模と同等のモーターにより急激に頂上まで加速し、そこから落下するという斬新さが人気の秘密。

ディズニー雑学

アトラクションでときどき発生する「システム調整」。機器トラブルや不具合発生時など、一時的にアトラクションが停止してしまうことをいうが、「タワー・オブ・テラー」はエレベーター3基(乗車は6か所)が独立している構造なので、すべてが停止することはない。

Q7 待ち時間がつらい……何をしたらいいですか？

A 「隠れた物語」に目を向けましょう

どんなに計画的に回ったとしても、混雑時には「待ち時間」がつきものです。スマホや携帯のゲームなどが手軽な暇つぶしグッズですが、せっかくディズニーに来て同行者と会話もなし……では寂しいものです。

そこでおすすめなのは、**アトラクションのバックグラウンドストーリーに思いをはせながら、「雑学」「プロップス（小物）」「隠れミッキー」などを探して過ごす**ことです。

パーク内には、一見しただけではわからない物語が広がっています。

Q7

待ち時間がつらい…… 何をしたらいいですか？

たとえば、シーの「タワー・オブ・テラー」はハイタワー三世という大富豪で探検家が主人公。彼が1892年に開いたホテル「ハイタワー」には世界中から集められたコレクションが飾られていました。

ある日、ハイタワー三世が新たなコレクションとして、「シリキ・ウトゥンドゥ」という像を持ってホテルのエレベーターに乗ると、急に落雷を受けてエレベーターが落下。エレベーターの中には「シリキ・ウトゥンドゥ」の像だけが残され、ハイタワー三世は行方不明に（実は像の呪いの力でホテルに閉じ込められてしまった）……私たちゲストは、それらを知らずに企画されたホテルツアーに参加するという物語です。

ここまでが表向きのストーリーなのですが、実はこのホテルツアーを企画した一人にスメルディングという人物がいます。彼はハイタワーと極めて近しい、付き人のような存在でした（ホテルのロビーに飾られた絵の中でハイタワーと一緒に写っています）。

では、スメルディングはなぜこのツアーを企画をしたのか？　それは、**「私たちゲストの誰かを身代わりにしてハイタワーを救い出そうとしているから」**なのです。

こうした物語は表に出てきません。アトラクション内のプロップス、ポスター、看板などから想像できるようになっているのです。

パーク内で何か変わったもの、面白そうなものを見つけた時、近くのキャストに聞いてみるとその意味や由来を教えてくれることもあります（ウェブで検索してみてもいいでしょう）。

本書でも、巻末に各エリア・アトラクションに隠された物語や雑学を紹介しているので、アトラクションの待ち時間などに話のネタにしてみてください。

ディズニー雑学

パークに置かれているプロップスは微妙に位置が変わったり、数が増減することもある（例：シーの「トランジットスチーマーライン」の乗り場にある魚網《ぎょもう》が、「ある時」と「ない時」があった、など）。そうした大小さまざまな部分が変化していることで、「前来た時と何かが違っている」と感じさせる仕掛けになっている。

Q 8

アトラクションって、いつも同じ演出なの？

A めったに出会えない「レアケース」もある

アトラクションは基本的にはいつも同じ演出や動きで私たちを楽しませてくれるのですが、実はいくつかのアトラクションには「めったに出会えないレアケース」が存在します。どんな状況で出現するのか、その確率などもすべて公開されていませんが、もし出会えたらラッキーです。

ここでは簡単に、２つだけ紹介してみましょう。

スター・ツアーズ：
ザ・アドベンチャーズ・コンティニュー（ランド）

映像に複数パターンが存在するこのアトラクションは「出発時に2種類」、「最初の惑星で3種類」、「登場人物のメッセージ3種類」、「最後の惑星で3種類」のパターンがあります。

その中で登場する「最初の惑星3種類」は、①キャッシーク（森の惑星）、②タトゥイーン（砂漠）、③ホス（雪の惑星）……とあるのですが、3つ目の「ホスの出現確率はものすごく低い」のです（参考までに、筆者の場合は50回乗って1回遭遇する程度の出現率でした）。雪山をすべり降りるような他の惑星では体験できないスリルを感じることができます。

タートルトーク（シー）

クラッシュとの軽快なやり取りが人気の同アトラクションですが、通常は途中でクラッシュが拾ったという女性用水着（ビキニ）の上を持ってくるシーンがあります。
このおなじみの場面もレアケースとして、映画「トイ・ストーリー」に登場する「バズ・ライトイヤー」のフィギュアを持ってくるというパターンが存在します。出会えたらラッキーですね。

ディズニー雑学

珍しいパターンとして「プーさんのハニーハント」でティガーが登場してライドが跳ねるシーンで跳ねないパターンも存在する。これは妊婦や乳幼児がいる場合に、乗る前に申告すれば跳ねないパターンにすることも可能であるため。ただ、同じグループの3つのライドすべてが跳ねなくなり、他の方にも迷惑がかかるため、申告してまで乗るのは考えもの。

Q 9

昼と夜で演出が違うアトラクションがあるって聞いたけど

A

ジャングルクルーズは見どころも多いのでぜひ

パークは昼間だけでなく、夜のライトアップやイルミネーションもとても魅力的です。そんな中、風景だけでなく、アトラクションの内容自体も昼と夜で効果や演出が異なっているものもあります。

ここでは、特に見た目や効果が大きく変わるものを紹介していきましょう。

ジャングルクルーズ：ワイルドライフ・エクスペディション（ランド）

Q 9

昼と夜で演出が違うアトラクションがあるって聞いたけど

昼夜の変化が大きいアトラクションといえば、こちら。

2014年9月に開園以来のリニューアルオープンを行ったこのアトラクションは、アトラクション入口看板下に「DEPARTING DAY & NIGHT」と書かれており、昼と夜の2通りのクルーズが体験できます。

リニューアル前のジャングルクルーズにも夜の演出はありましたが、内容は同じでした。それが今回、夜にはジャングルにホタルの美しい光の演出が加えられたり、月明かりで動物や神殿、探検隊が照らされたり、動物の目が光ったり、という演出が追加されています。

見どころも多いので、できれば昼と夜それぞれ1度ずつ乗りたいアトラクションです。

ビッグサンダー・マウンテン（ランド）

もちろん昼間も楽しいアトラクションですが、暗くなってくるとよりスリル感が増します。

また、花火の打ち上げ場所に近いので、時間とタイミングがうまく合えば迫力ある花火を見ながら乗れるというレアな体験も可能です。

ヴェネツィアン・ゴンドラ（シー）

運河沿いをゆっくりと進む優雅なゴンドラ（小船）の旅。意外に知られていませんが、夜も運行されています。夜間の水上ショーの前後は運休になりますが、ショーの終了後、一定時間を経過すると再開されます。

この時の海から眺めるホテルミラコスタ方向の景色がおすすめ。水面に反射する優しい光ときらびやかなイルミネーションが堪能《たんのう》できる絶景ポイントです（運行時間は時期により異なります）。

タワー・オブ・テラー（シー）

たった一瞬ですが、アトラクションが落下する前に開く扉から見える夜景は絶景。ディズニーリゾートで「ゲストが見られる一番高い位置からの夜景」であり、景色はナンバーワンです。

ディズニー雑学

ランドの「ピーターパン空の旅」のアトラクション入口上にあるティンカーベルは夜になると入口を通るゲストに魔法の粉をふりかける演出がある。また、シーの「アクアトピア」の奥にある円形のベンチのようなものは「ストームライダー」の夜間誘導灯という設定。夜になるとここから空に向かって長い光の柱が出現する。これも夜にならないとわからない演出。

Q 10

ランドとシー、ミッキーに会うならどっち？

A シーのほうが待ち時間が少なく、他のキャラにも会いやすい

ディズニーの象徴的な存在ミッキーマウス。その人気はダントツです。「フリーグリーティング（場所を明確に定めずに自由にキャラクターが登場すること）」で稀《まれ》に出会えることもありますが、近年は場所を定めて整列してから行うことが増えています。では、「最も効率的」に「ゆっくり」とミッキーに会える場所はどこでしょうか？

パーク内で確実にミッキーに会える施設には、ランドの「ミッキーの家とミート・ミッキー」とシーの「ミッキー&フレンズ・グリーティングトレイル」の2つがあります。

Q 10

ランドとシー、ミッキーに会うならどっち？

	10時頃	15時頃	20時頃
ミッキーの家とミート・ミッキー	100分	60分	50分
グリーティングトレイル	50分	50分	40分

※2014年12月30日（両パークともに入園制限がかかった日）

この2つのアトラクションを比べた時、待ち時間が短く済むのはシーの「ミッキー&フレンズ・グリーティングトレイル」です。

「ミート・ミッキー」は週末では100分を超えることも多い中、「グリーティングトレイル」では混雑時でも1時間以内でミッキーに会えるケースが多いのです。

また、ミート・ミッキーでは少人数で区切って部屋に入室させるので、次の順番待ちゲストが近く、慌ただしい雰囲気があります。一方、グリーティングトレイルは1グループずつの対応でグリーティングのスペースも広め。ミッキーの動きもいろいろと幅があって楽しめます。

さらに、ランドではミッキー以外のキャラクターは不定期に登場する場合が多く、お目当てのキャラクターに会うのは難しい状況です。

対してグリーティングトレイルの場合、それぞれに並ぶ必要がありますが、ミニー、グーフィーにも確実に会うことができ、同じロストリバーデルタエリア内の「〝サルードス・アミーゴス！〟グリーティングドック」

では、現在ドナルドに会うことができます。
このように、意外とシーのほうがキャラクターグリーティングには向いていると言えるでしょう。ただし、ランドのミート・ミッキーは建物に入れば完全屋内なので、冷暖房完備でミッキーの家の中を楽しみながら待つことができますが、グリーティングトレイルは屋外で待つことになるので、真夏や真冬、悪天候の時はそれなりの苦労も必要。天候や同行者のことを考えて、どちらを選ぶか決めておくのがいいでしょう。

ディズニー雑学

グリーティングドックのミッキー手前、左側にある、「ドナルドの形をした首が取れている像」は「ドナルドの先祖」。さらによく見ると、壊れた像の近くにはミッキーとドナルドの足跡がある。また、施設入口にあるぶつかったトラックはスクルージ・マクダックの会社の車で、激突させたのはグーフィー。慌てて飛び出したグーフィーの足跡がある。

Q 11

写真を撮られるアトラクションで写りをよくしたい！

A

カメラの位置とタイミングを覚えましょう

2つのパークのアトラクションの中には乗車中に記念撮影が行われるアトラクションがあります。ここでは上手にその写真に収まるための細かなタイミングを紹介します。

スプラッシュ・マウンテン（ランド）

こちらのアトラクションは唯一、外からも撮影の瞬間が確認できます。

撮影されるタイミングは落下が開始してから約2秒後。「右側」にカメラがあります。

落下すると右側に岩の箱のようなものが3つ見えますので、そのあたりを見ているといいでしょう。

この周囲にはカメラや照明が設置されているので、どれがカメラなのかを一瞬で判別するのは困難。

また、落下が始まるとつい下を見てしまいがちになりますが、顔をあげて右側を見ておきましょう。

写りがいいのは、やはり最前列の座席。進行方向右側がベストです。

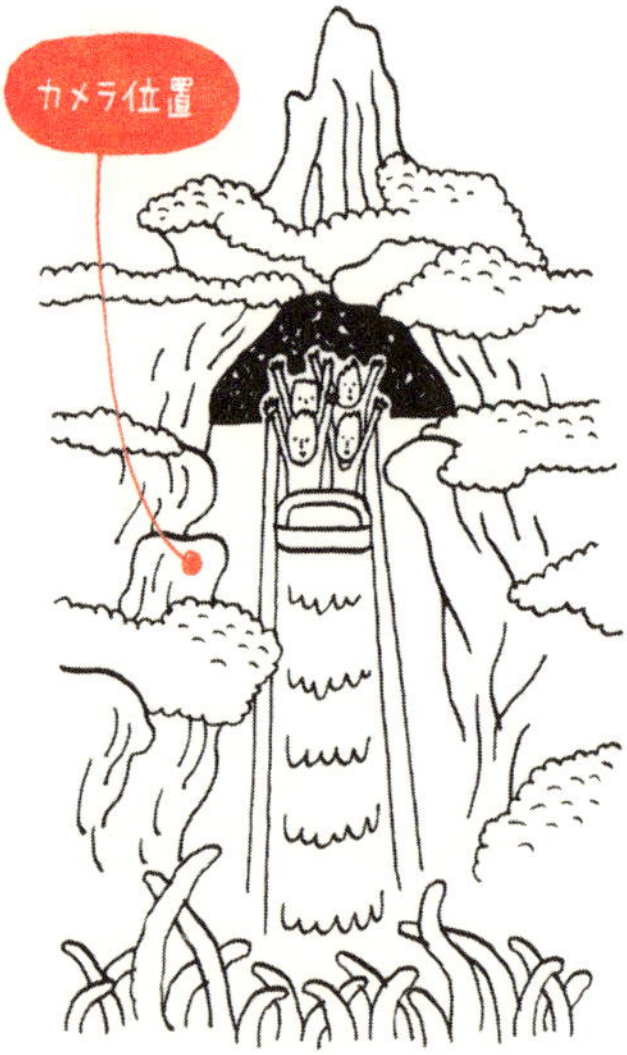

外観から

乗客側から

ただし、手を大きく上にあげてしまうと後列の方が見えなくなることがありますので気をつけましょう。

タワー・オブ・テラー（シー）

乗車中に撮影されるアトラクションでは一番撮影の瞬間がわかりやすいです。

乗車してから2回ほど扉が開き、その後上昇して、外の景色が見えます。この時に一度停止し、落下する直前に撮影が行われます（通常版の場合）。カメラは窓の最上部。やや上を見る形だとカメラ目線になります。

カメラに近いので最前列の方が大きく写ります。加えて、最後列の中央座席（8列あるので右から4番目）だけは前に通路があるので唯一全身が写る座席です。こちらも手を大きく上にあげると後方や脇の方にかぶりますのでご注意を。

インディ・ジョーンズ・アドベンチャー：クリスタルスカルの魔宮（シー）

ライドが進み、両サイドの石像の口から吹き矢（実際は空気）が飛んでくるシーンの後に、インディ博士が天井のロープにぶら下がっています。

このあと、博士の背後から巨大な丸い岩がゲストめがけて襲ってくるのですが、ライドが一瞬バックしたあと、落下。この落下直後に撮影が行われます。

カメラの位置は「左側」のやや上方向。ライドがバックしたら準備をしましょう。

カメラは意外に高い位置、かつ斜めに

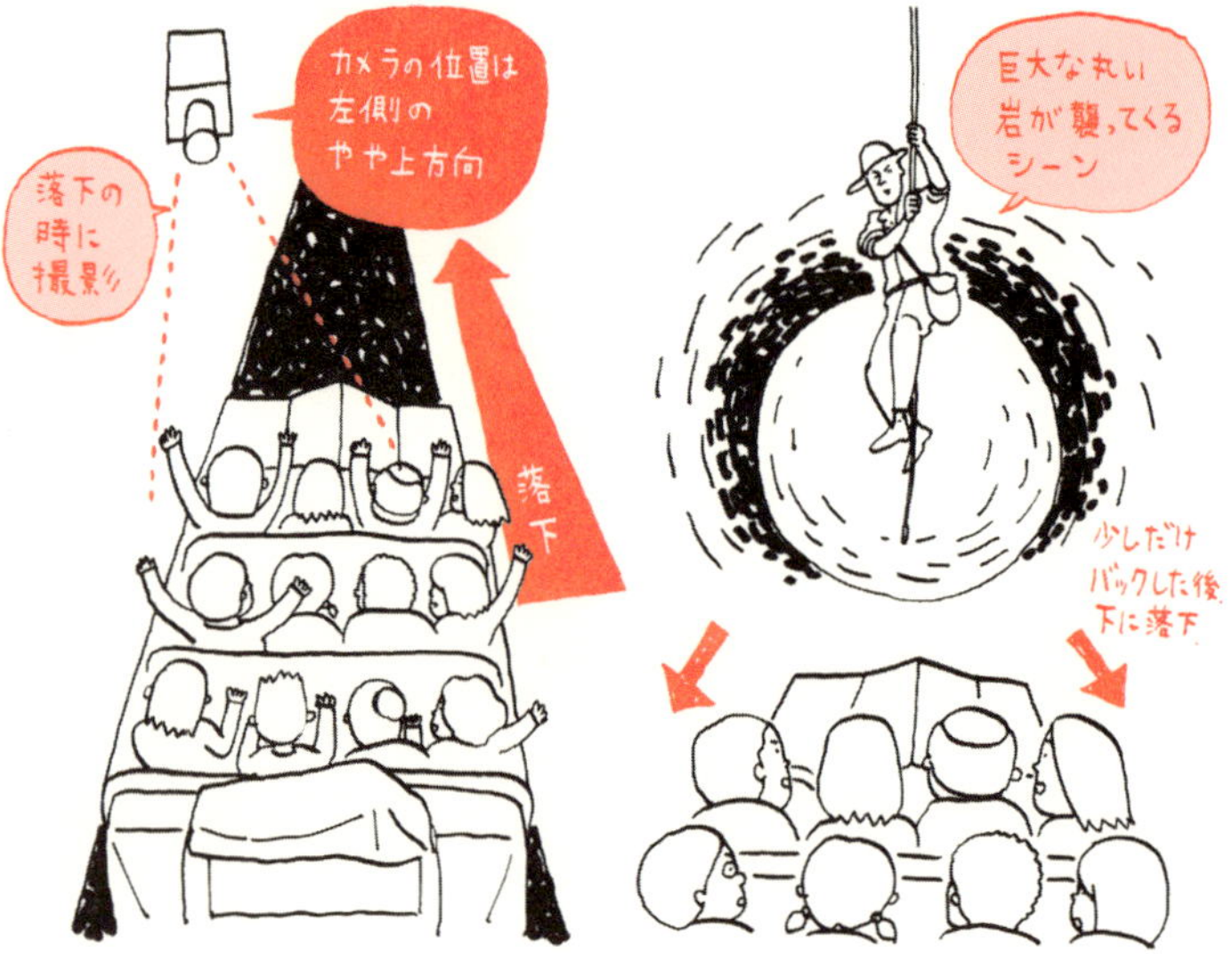

落下するので、カメラ目線をねらうならば「最前列は斜め左上くらいのイメージ」、「最後列はまっすぐ左正面くらい」がいいと思います。

このインディは前から2～3列目の場合、スプラッシュ・マウンテンとタワー・オブ・テラー以上に「前の方の陰になりやすい傾向」がありますのでご注意を。

ディズニー雑学

撮影があるアトラクションでは、「立ち上がる」などの危険な行為、「裸になる」などの公序良俗に反する行為をしたゲストがいた場合、写真がモニターに表示されない（購入できない）場合がある。スプラッシュとタワーでは「申し訳ありません。撮影することができませんでした」というメッセージが表示されるが、インディでは「ごめんね、アミーゴ、撮りそこなっちゃった!」と軽いノリ。これは魔宮ツアーをインディ博士に内緒で企画したパコ（乗り場に向かう途中の映像で乗り方を紹介してくれるインディの助手）が行っているため。

Q 12

「待ち時間なしだけどおもしろいアトラクション」ってある？

A ランドなら「ツリーハウス」、シーなら「フォートレス」

ここでは「まったく混雑していないけれど、意外にじっくり楽しめるアトラクション」をいくつかご紹介します。

スイスファミリー・ツリーハウス（ランド）

まずディズニーランドでは、アドベンチャーランドの「スイスファミリー・ツリーハウス」。無人島に流れ着いたロビンソン一家がツリーハウスで生活をしている様子を見るというアトラクションで、「サバイバルの知識」がふんだんに使われています。

たとえば木の下部では流れる川の水を利用し、水車を動かして、その水車の動力を使って、木の上部の自分たちが住むエリアに水を運んでいます。この水は、ところどころで水のタンクに貯められていたり、貝を使った洗面台がつくられていたり、船の「舵《かじ》」を使って入口の窓を開閉する仕組みがつくられているなど、面白い発見があります。

フォートレス・エクスプロレーション（シー）

ディズニーシーでは、「フォートレス・エクスプロレーション」がおすすめ。

プロメテウス火山の前の要塞《ようさい》は待ち時間なく自由に探検することができ、さまざまな科学の仕組みを学ぶことができる場所です。

たとえば「チェインバー・オブ・プラネット」と呼ばれるドーム型の部屋には地球儀ではなく、太陽系儀と呼ばれるものがあり、ハンドルを回すと多くの惑星を動かすことができます。それぞれの星の説明が書かれたプレートもあり、天井の星座は勉強にもなります。「ナビゲーションセンター」では、ミニチュアの船をラジコンで動かして遊ぶことができます（１００円。パスポートとは別に必要）。さらにはレオナルド・ダ・ヴィンチが発明した木製飛行機のような「フライングマシーン」は、自分で漕《こ》いでプロペラや翼を動かせます。他にも科学の仕組みを利用した体験的に遊べる部屋がたくさんあり、これらは入園制限がかかるような大混雑日でも混むことはまずありません。

その他のおすすめも含め表にまとめてみたので、参考にしてみてください。

ディズニー雑学

「フォートレス・エクスプロレーション」の施設を利用する体験型アトラクションの「ザ・レオナルドチャレンジ」は実質的に地図をもらうだけでクリアまでの時間制限がない。空いている時に入手しておいて、時間ができた時に行うのもいい方法（地図の配布は日没まで）。

Q 12

「待ち時間なしだけどおもしろいアトラクション」ってある？

ディズニーランド

ディズニーギャラリー	ワールドバザール	ディズニーアニメのスケッチや彫刻などが展示。自由に出入り可能でここならではの限定グッズも。
ペニーアーケード	ワールドバザール	小銭（10～100円程度）で楽しめるレトロなゲームセンター。メダルマシンも多く設置。
トムソーヤ島	アドベンチャーランド	河の中央にある島。洞窟や岩山、砦など、探検しながら自由に遊べる。日没までの運営なので注意。
トゥーンタウン（ダウンタウンエリア）	トゥーンタウン	ミッキーと仲間が住む街。左奥のエリアでは自由にさわったりしながら遊べる場所が多くある。

ディズニーシー

フォートレス・エクスプロレーション	メディテレーニアンハーバー	フォートレス（要塞）やガリオン船を自由に散策。自分で操作できるなど、意外に長い時間楽しめる。
S.S.コロンビア号	アメリカンウォーターフロント	船内を散策したり、甲板に出られる。特に夜の風景は人も少なくておすすめ。
アリエルのプレイグラウンド	マーメイドラグーン	海底王国にある仕掛けがたくさんのプレイグラウンド。9か所あるさまざまな場所で自由に遊べる。

Q 13

ファストパス対応じゃないけど混むアトラクションって？

A

「ダンボ」や「ピーターパン」は混みやすい

ファストパス対象の人気アトラクションは、たしかに並ぶ時間が長くなりますが、逆にいえばファストパスさえ取れてしまえば、そのアトラクションはそれほど待たずに乗れることにもなります。

しかし、ここで気をつけたいのが「ファストパス対象ではないのに混雑するアトラクション」があること。混雑具合によっては、人気アトラクション並みの待ち時間になることもあります。

ここでは、そんなアトラクションを挙げてみましょう。

ピーターパン空の旅（ランド）

物語の再現度が高く、小さな子どもも乗れるため、人気が高い。ライド一台に乗れる定員が2名と少ないため、列の進みが遅いので待ち時間が長くなりやすい。「マジック・キングダム」や「ディズニーランド・パリ」ではファストパス対象となっている。

空飛ぶダンボ（ランド）

小さな子どもが安心して乗れるアトラクションのため、人気アトラクション並みの待ち時間になることも多い。混雑日は90分近くになることも。定員2名の乗り物が10台なので、1回で20名程度しか乗れず、出発前の安全確認にも時間がかかるため、待ち時間が長くなる傾向がある。

タートルトーク(シー)

乗り物ではないが、シアター自体が小規模(238名収容)で、シアター前に行われるプレショー部分も含めると約30分かかることもあり、回転率がよくない。

ディズニー雑学

できるだけ多くのアトラクションに乗りたい場合、ファストパスアトラクションよりもむしろこれらのアトラクションを空いている早めの時間に乗ったほうが効率的。

Q 14

混雑のピークって何時くらい？

A

14時～15時。この間におみやげを買うのがおすすめです

「一番アトラクションが混雑する時間」は季節や混雑具合によってだいぶ差がありますが、一般的には「パークが開園して1～2時間後」。

そして、一番待ち時間が長くなるのは「14～15時前後」である場合が多いです。この時間のスタンバイは避けたほうが無難です。

理由としては、週末などの混雑日は、主要アトラクションのファストパスは早ければ午前中、遅くとも14時過ぎくらいにはほとんど発券が終了してしまいます。

2015年2月7日（土）ビックサンダー・マウンテンの待ち時間推移

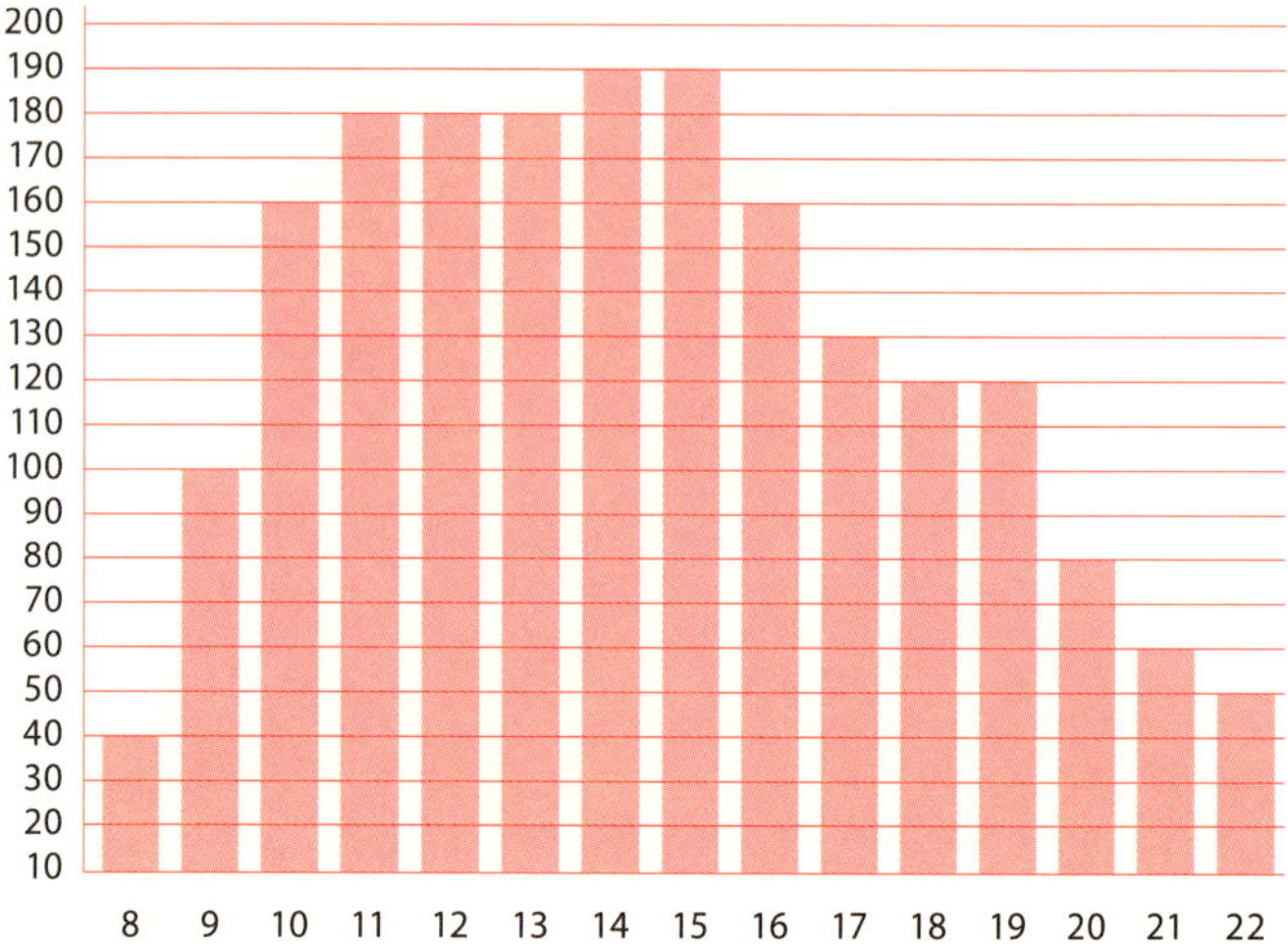

そのため、多くのゲストが（仕方なく）スタンバイに並びはじめる時間帯なのです。

上の図は、ある土曜日のビッグサンダー・マウンテンの待ち時間推移を表にしたもの。

わかりやすくするために待ち時間の変化がハッキリしている日を表にしましたが、ほぼこのような形で推移していくことが多いです。

待ち時間が長くなりやすい時間帯にはスタンバイを避け、**休憩や買い物、または待ち時間の少ないアトラクションに乗る**……という方法が効率的でしょう（これらの傾向は季節や時間帯で大きく変わる場合があります）。

ディズニー雑学

シーの「トイ・ストーリー・マニア！」はその圧倒的人気の高さから、午前中が混雑のピークになることが多い。シーの朝はほぼここにゲストが集中するので、逆に奥のエリアから進めていくのもよい手段。

Q 15

ファストパスの時間がショーや食事と重なったときはどうすべき?

A 最終手段は、他のゲストと「交換」

ファストパスを発券した時のアトラクションに「乗車できる時間」はなかなか調整ができません。もし、この時間がレストランやショーの予約時間と重なってしまった場合はどうしたらよいのでしょうか?

それは、同じアトラクションのファストパスを発券したゲストとの「交換」です。

たとえば、12時~13時のファストパスを持っている場合、12時過ぎ(もしくは直前)に発券機に行き、「たった今発券したゲスト」にファストパスの交換をお願いします。

「持っているファストパスが予約と重なったので交換していただけませんか？」などと素直にお願いしましょう。交換相手もすぐに乗れるのでメリットがあります。

交換の際は、自分側と相手側の持っている枚数が同じであることが前提なのと、相手には「次の発券可能時間を伝えること」を忘れずに。

しかしながら、基本的にファストパスは有償・無償を問わず「譲渡《じょうと》が禁止」されており、自身のパスポートで発券したファストパスは本来、自分以外は使えないという原則もあると思われます。「交換」がそれに該当するかどうかは微妙な部分もありますので、最終手段としてお考えください。

ディズニー雑学

ファストパスの発券機の時刻は時報に正確になっており、券面に記載の発券可能時間の1秒前でも発券されない。パークのエンターテイメントも基本的には時報ピッタリに開始されるので、時計を正確に合わせておくといろいろ便利。

Q 16

オプションプランみたいなものってあるの?

A

「プライベートツアー」や「グループツアー」などがあります

パークには、よりパークを楽しむためのオプションとして、専用キャストがアトラクションやエリアの物語や歴史などを案内してくれる「ガイドツアー」があります。ツアーによっては、アトラクションをファストパスルートから案内してくれたり、ショーの鑑賞券がついてきたりする場合もあります。

ここでは、2つのガイドツアーを紹介しましょう。

Q 16

オプションプランみたいなものってあるの?

	グループツアー	プライベートツアー
料金	大人(中学生以上)3600円 小人(4歳〜小学生以下)2060円	21600円(1グループ6名まで)
所用時間	約2時間30分	約3時間
人数	最大12名程度 (他グループと一緒)	最大10名(7名以上は1名追加ごとに3090円)
アトラクション	ガイドが指定(固定)	自由に選べる(時間内)
ショー鑑賞	1つ	2つ

※内容は変更になる場合もあります。

グループツアー

最大12名程度のゲストに対し、1名のガイドが案内します。グループツアーなので、自分たち以外のゲストが一緒に回ることになります。解説とともに、ショー鑑賞やアトラクションを短い時間で体験できます。

ただし、基本的に毎回決まったコース、ほぼ同じ内容でガイドが行われるため、ゲストの個人的な要望やアトラクションを選ぶことはできません。パークの初心者や慣れていない方におすすめです。

プライベートツアー

申し込んだグループ単位にガイドが1名専属で案内してく

れます。ゲストの要望を基本的にすべて聞いてくれる形で、アトラクションもすべてファストパスルートから乗車可能（制限がある場合もある。ファストパスに対応していないアトラクションは並ぶ必要あり）。ツアー時間内に5～6個は乗車可能です。

また、ワゴンフードを待たずにガイドが買ってきてくれる「魔法」も使えるなど、満足度の高いツアーです。とにかくパークを満喫したい方向け。

これらのツアーは、ディズニーホテルの宿泊者なら事前予約ができますが、一般ゲストは当日受付になります。開園から先着順で、特にランドの「プライベートツアー」は人気が高く、アーリー入園の時間で予約が終了してしまう場合もありますのでご注意を。

ディズニー雑学

プライベートツアーを申し込む場合は、自分たちである程度プランを作成し、優先順位順に希望の項目を並べてプリントして当日持参すると要望が伝わりやすく、スムーズに出発できる。

Q 17

人とは違う、ツウっぽい経験ができる場所はない？

A ▼

クローズ中のアトラクションには意外な楽しみが

意外と知られていない、「あまり待たずに」「ちょっと変わった経験ができる場所」をここでは紹介しましょう。

1 幽霊になれる「グランマ・サラのキッチン」

ランドの「クリッターカントリー」内にあるレストラン「グランマ・サラのキッチン」。

このレストランに向かって、右側の出入口から入ると右側に短い階段があります。ここを上がると小さなテーブルが並んでいる場所があります。

一見、何の変哲もないこの場所ですが、ここは「お客さんが幽霊になってしまう場所」なのです。

この場所は実は外から見ると、「ホーンテッドマンションの建物の一部」になっており、外に並んでいる人から見ると、「建物の窓に人がいるように見える」のです。

この窓に顔を近づけて外を眺めたり、手をふったりすると、並んでいる

ゲストがびっくりした顔でこちらを見るのです。

おそらく意図的にこんな形にしたのだと思いますが、それを知らないゲストが何気なく窓の外を見たり、手をふっただけで、アトラクションの演出になっているという面白い仕掛けなのです。

2 広大なパークの中で、3つの異なるエリアに同時に立てる場所

こちらも同じくクリッターカントリーの入口付近。スプラッシュ・マウンテンに向かうゆるい坂道があります。このゆるい坂道の下はパレードルートになっていますが、この付近の地面にご注目。

ランドの地面の色はテーマランドごとにそのエリアに合った色になっているのですが、この地面は「クリッターカントリー（黄土色）」と「ファンタジーランド（緑色）」と「ウエスタンランド（茶色）」の3つのエリアが1か所に交わっている点があるのです。

つまりここに立てば、3つのエリアを同時にまたぐことができるということですね（だ

からと言って何があるわけではないのですが……)。

3 クローズ中のアトラクションなどでの意外な楽しみ

パーク内の施設やアトラクションは定期的にクローズされて点検が行われることがあります。もちろん施設を利用することはできませんが、実は隠れた「お楽しみ」がある場合もあります。

たとえばシーの「センター・オブ・ジ・アース」がクローズ中には不定期で「マグマ・サンクタムツアー」という無料ツアーが開催されます。

これは通常時にスタンバイする通路などにある研究室やプロップス(小物)について、キャストが説明してくれるものです。

公式サイトなどでは一切発表されておらず、現場に行って、もしやっていたら参加できるというものです。近年ではツイッターなどでそうした情報も流れることが増えていますが、クローズ中でなおかつ短い期間だけですので参加できたらラッキーですね。

他にも、シーの「エレクトリックレールウェイ」や「トランジットスチーマーライン」の改修中には、停止している乗り物の中で写真を撮らせてくれるサービスが行われていることもあります。

キャストの帽子を貸してくれて記念写真を……なんてことも。

ただ、こちらもサービスが公開されているものではなく、いつも必ず開催されているものではありません。休止中のアトラクションなどの近くに行って、もしやっていたらぜひ参加してみてください。

ディズニー雑学

アトラクション改修のためのクローズは、ディズニーリゾートでは「リハブ」(rehabilitate の略）と呼ばれる。数日程度の短いものから、約3か月以上に及ぶ大規模なものまである。長期間リハブの後は何かが変わっていることが多い。

Q 18

穴場のポップコーン売り場ってない？

A

トゥーンタウンの「ポップ・ア・ロット・ポップコーン」は比較的穴場

パークの定番フードでやはり押さえておきたいのがポップコーン。定番のソルト、ハニーやストロベリー、チョコレート、キャラメル、アップル……などの他、ブラックペッパーやカレー、クリームソーダやコーンポタージュというのも過去にありました。

ただ、このポップコーンワゴンは長蛇の列になりやすいのが難点。特に人通りの多い場所にあるワゴンは列が長くなる傾向があります。混雑時にはポップコーンを買うだけで30分以上並んでしまうことも珍しくありません。

Q 18

穴場のポップコーン売り場ってない？

そこで比較的空いているポップコーンワゴンとしては、ディズニーランドではトゥーンタウンの奥にある「ポップ・ア・ロット・ポップコーン」。ここはエリアの奥地にあり、さらには手前に別のポップコーンワゴンがあるため、比較的列が短めです。

また、「プーさんのハニーハント」の前にあるポップコーンワゴン。ここは一見混雑しているのですが、ワゴンが2台で対応しているので、それほど待たずに買えることも。ディズニーシーでは人通りの多い「アメリカンウォーターフロント」のワゴンや、海にかかる「ポンテベッキオ橋」のたもとにあるワゴンが長い列になる傾向があります。

ただ、シーの場合は劇的に混んでいるポップコーンワゴンは特になく、これら以外の場所であれば、長蛇の列になることはあまりありません。

全体の傾向として、パーク入口でもらえる当日のイベントガイド、「TODAY」に記載されている限定ポップコーンの人気が高い傾向があります。公式ホームページには「ポップコーンマップ」が掲載されており、随時更新されているので、チェックしておくのもいいでしょう。

なお、ポップコーンは意外と量が多いので、「たくさんの味を楽しみたい」という場合には「半分の量」だけでも買えますのでこちらも利用してみてください。

ディズニー雑学

ポップコーンワゴンはランドに13か所、シーに10か所あるが、ランドの次の3つのワゴンだけ、正式な名前とバックグラウンドストーリーが存在する。

●**「トゥーンポップ」**・・・グーフィーの畑で採れたトウモロコシでつくったポップコーンを販売中。ワゴンではグーフィーがポップコーンをつくっている。

●**「ポップ・ア・ロット・ポップコーン」**・・・暑い日にトウモロコシを積んでいたグーフィーのトラックが大爆発。ポップコーンがはじけてしまい、屋根を突き破《やぶ》る程《ほど》の勢いに。現在はそれをガスステーションのゲストに提供中。

●**「ポッピングポッド」**・・・宇宙船の食料庫内の温度調節機能が壊れ、積まれていたトウモロコシがはじけてポップコーンに。その宇宙船が改良されて現在の姿になった。（※ワゴン数は2015年4月1日現在）

Q 19

そもそも、いつディズニーに行けば空いてるの？

A

一番空くのは、1月中旬から下旬にかけて

「いつ行っても混んでいる」のがパークのイメージだと思いますが、その混雑にも時期によって波があります。まず質問の答えからいくと、**1年で一番空いている日はズバリ「1月中旬から下旬にかけての週末にくっつかない平日」**です。

また、反対に「ここは避けておいたほうが無難」という時期もいくつかあるので、参考までに紹介しましょう。

1　ディズニーがある舞浜近隣県の「県民の日」

一番影響が大きいと思われる突発的な混雑は「県民の日」。ディズニーリゾートに影響が大きいのは千葉県と栃木県の「6月15日」、東京都の「10月1日（都民の日）」埼玉県の「11月14日」です。公立小学校、中学校、高校が休みになるので危険です。

2　受験シーズンの学校が休みの時期に注意

受験シーズンになると大学生の他、高校1～2年生が休みになることも多く、1月末～3月にかけては、平日といえども注意が必要です。

3　人気キャラクターの誕生日に注意！

「11月18日」。これは、ミッキーマウス（ミニーマウス）の誕生日（スクリーンデビューの日）です。この日、ランドの「ミッキーの家とミート・ミッキー」には「3時間待ち」クラスの行列ができます。同じく、ディズニーシーのグリーティング施設「ミッキー&フレンズ・グリーティングトレイル」でも、オープン直後に「120分」を記録するほど（普段は60分程度）。

ミッキーだけでなく、グーフィー（5月25日）やドナルド（6月9日）の誕生日も同様です。パーク全体がものすごく混雑することはないのですが、グリーティング施設は局地的に混雑しますのでご注意ください。

このように、季節によって特徴があるので、1年を通しての混雑状況を表にまとめてみました。旅行を計画する際の参考にしてみてください。

ディズニー雑学

ゴールデンウィークのように4日以上の連休になる場合は「初日」と「最終日」はそれほど混まないこともある。特に長い連休の最終日は空くことが多い。

混雑度は★の数で 5 段階（★が多いほど混んでいる）表記しています

1月		
上旬：混雑度★★★★★	中旬：混雑度★☆☆☆☆	下旬：混雑度★☆☆☆☆
正月イベント期間、特に三が日は入園制限クラスの混雑。学校が開始となる8日前後までは平日も土曜並みの混雑。この時期はできれば外すのが賢明。	二週目以降の学校が開始する平日になると、一気に空く。あわせてパークの営業時間がかなり短くなる。寒さのため運転しなくなる（リハブする）アトラクションも増える。	一年で一番パークが空く時期。夕方以降は人気アトラクションでも15分以下になることも多く、朝早くから入園しなくてもそれなりに楽しめる。ただし、一年で一番寒い時期。
2月		
上旬：混雑度★☆☆☆☆	中旬：混雑度★★☆☆☆	下旬：混雑度★★★☆☆
1月下旬と同じく、週末でもあまり混まない時期。ただ、中国の春節（正月休み）がこの時期にあるので、中国からの観光客が増えることも。	受験シーズンで学生が増えはじめる。中旬以降からは平日でも混みはじめ、むしろ週末のほうが空いていることも。	学生がかなり増えはじめる時期。近隣県の受験日には学生が一気にパークを訪れる日もあり、平日でも集中的に混雑が激しくなる日がある。この時期はもう平日でも空いていない。
3月		
上旬：混雑度★★★★☆	中旬：混雑度★★★★☆	下旬：混雑度★★★★★
学生が増えはじめ、平日でも混雑してくる時期。特にコースター系アトラクションに混雑が集中する。しかし、学生が多いため、駐車場や単価の高いレストランは意外に空いているという特徴も。	いわゆる「卒業旅行シーズン」に本格的に突入。平日と週末の区別が関係ないくらい混雑してくる。慣れていないと厳しく感じる混み具合。	一年で一番混雑が激しくなる季節。非常に人が多く、後半は平日でも入園制限の可能性が高くなるほどの大混雑に。パーク内の学生比率が一番増える時期。この時期は避けるべき。
4月		
上旬：混雑度★★★★☆	中旬：混雑度★☆☆☆☆	下旬：混雑度★☆☆☆☆
春休み期間が続く上旬は平日でも混雑。3月下旬ほどの混雑ではないが、平日でも土曜日並みの混雑。	春休みが終わると一気に空く。マニア的には「プチ閑散期」と呼ばれる時期で、特に平日がねらいめ。ただ、ランドのグランドオープン月（15日）なので、この前後に周年イベントが開始となる場合は集中的に混む。	連休に入る前は全体的にはまだかなり空いている時期。幼稚園や小学校の遠足で子どもが増えはじめる。

Q 19

そもそも、いつディズニーに行けば空いてるの？

5月		
上旬：混雑度★★★☆☆ （連休中：混雑度★★★★★）	中旬：混雑度★★★☆☆	下旬：混雑度★★★☆☆
連休以外の平日は空いているが、連休中の「中日」は入場制限の可能性大。連休に行くなら初日や最終日がねらいめ。	全体的に空いており、連休後で落ち着いた雰囲気。ただ、連休明けから、修学旅行シーズンが開始。ランドには多くの学生が来るが、シーにはあまり来ないという特徴も。	全体的に空いているが、修学旅行生が多いのでコースター系アトラクションが混雑。反面、ショーやパレードは空いている。夕方には学生は退園することが多いので夜は空いている。

6月
上旬～下旬：混雑度★★★☆☆
夏休み前で比較的空いているが、梅雨に入るので天候が不安定。ゲスト数は多くも少なくもなく、平均的で特徴のない月。時期によるゲスト数の変動があまりない。

7月		
上旬：混雑度★★☆☆☆	中旬：混雑度★★☆☆☆	下旬：混雑度★★★★☆
夏休みで混雑しているイメージだが、実は前半は週末でも意外に空いている穴場。学校が試験に入っている影響もあり、上旬は意外なほど空いている。夏イベント開始初日や七タイベントがあるが、全体の混雑にはほぼ影響はない。	夏イベント開始とともにゲストが増えはじめるが、中旬はまだ大きな混雑ではない。この時期は夏イベント会場以外は空いていることが多い。	学校の夏休み開始とともに混雑が始まるが、まだそれほどの混雑ではない。夏休みの旅行はこの時期が最適。

8月		
上旬：混雑度★★★★☆	中旬：混雑度★★★★☆	下旬：混雑度★★★★☆
夏休み混雑が本格化。曜日を問わず混雑する時期。朝の入園待ちゲストの出足も早まり、ゲート前の埋まりが早くなる。	夏の混雑のピークとなるお盆時期。入園制限がかかることはあまりないが、連日土曜日以上の混雑が続く感じ。夏休み特有の「夜になってもゲストが減らない」という傾向。	お盆に比べるとゲストは減るが、目立って変わるほどではない。

9月		
上旬：混雑度★★★★☆	中旬：混雑度★★★★☆	下旬：混雑度★★★★☆ （連休中：混雑度★★★★★）
ハロウィーンイベントが開始するまでの期間はやや少ない傾向があるが、空いているとは言えない。	毎年10日前後から開始するハロウィーンイベント開始後は、平日休日ともに混雑。週末は入園制限の可能性が高くなり、連休の中日は入園制限が確実と思って行くべき。	この時期から運動会・文化系イベントの振替休日による月曜日の混雑が開始。日曜日より月曜が混むことも多い。
10月		
上旬：混雑度★★★★☆	中旬～下旬：混雑度★★★★★	
行楽シーズン突入で曜日を問わず混雑する月。9月と同様に月曜日の混雑に注意。平日と休日の混雑の差があまりなくなる。	連休だけでなく、週末も入園制限の可能性が高くなる。この頃から昼夜の寒暖差が大きくなるので注意。	
11月		
上旬：混雑度★★☆☆☆	中旬：混雑度★★★☆☆	下旬：混雑度★★★★☆
ハロウィーンイベント終了からクリスマスが開始する間は比較的空くが、11月3日の文化の日で連休になる場合は制限になる可能性も。月曜も相変わらず混雑。	10日前後から開始するクリスマスイベント開始初日や、直後の週末はそれなりの混雑具合になるが、上旬から中旬にかけての平日は意外に空いている。	後半から徐々に混雑が開始。週末は制限の可能性も高くなる。週末は前売り事前購入が売り切れることも増え、事前入手が必須。
12月		
上旬：混雑度★★★★☆	中旬：混雑度★★★★☆	下旬：混雑度★★★★☆
週末は入園制限の可能性が高く、混雑は激しいが、平日はさほど混雑しない。この時期の特徴としてはクリスマスイルミネーションなどが多いため、アフター6で夜からの入園が増える。	クリスマスが近づき、混雑も激しくなりはじめる。アフター6入園がますます増えはじめ、夜になってもゲストは減らない傾向が。中旬以降になると平日でも若干混雑。	週末は制限の可能性がかなり高い。意外にもクリスマスイブや当日はそれほど混まない。年末はコンスタントに混むが、制限まではいかない程度。

Q 20

土日に行くならどっち？

A

混み具合でいうなら、日曜のほうが空いている

週末休みでパークに行くとしたらやはり次の日はゆっくり休みたいので、土曜日に行くという方が多いと思いますが、パークの満足度から考えると、「土曜日より日曜日に行く」ほうがおすすめ。

理由は単純に「土曜より日曜のほうが空いているから」。

参考までに、「アトラクションがメイン」のゲストが多い「ハロウィーン前のイベントなし期間」のデータで比較してみましょう。

2014年9月6日(土)

140分	プーさんのハニーハント
130分	スプラッシュ・マウンテン
110分	ビックサンダー・マウンテン
90分	バズ・ライトイヤーのアストロブラスター
80分	スペース・マウンテン
合計	550分(9時間10分)

2014年9月7日(日)

80分	プーさんのハニーハント
80分	スプラッシュ・マウンテン
80分	バズ・ライトイヤーのアストロブラスター
50分	ビックサンダー・マウンテン
50分	スペース・マウンテン
合計	340分(5時間40分)

単純比較すると、待ち時間の差が3時間30分もあります。「土曜日の混雑を100%」すると、「日曜日は約60～70%」くらいの混雑具合です。

実際、人気時期の週末は入園制限がかかることが多くありますが、この制限は土曜日に多く、日曜日にかかるケースはほとんどありません。

これらのことを考慮すると、日帰りで週末に行くならば「土曜より日曜がねらいめ」ということになります(あくまで一般的な傾向ですのでご了承ください)。

なお、その他の平日でいうと、月曜は学校の季節行事の振替休日が多く、平日では一番混みやすい傾向があります。

また、金曜日も午後や夕方からゲストが増える傾向にあります。

火、水、木については比較的空きやすく、各曜日にそれほど大きな差はありません。
もし平日に行く時には検討してみてください。

ディズニー雑学

春や秋の学校行事で月曜日の振替休みが増える時期になると、月曜よりも日曜のほうが空いている場合が多くある。また、午前中に悪天候予報の日曜日はゲストがかなり少ないことも（ただし、混雑期になると天気はほとんど関係ない）。

Q 21

車と電車、どちらで行くべき？

A 車のほうが便利なことが多い

パークへの交通手段を「車」と「電車」で比べた時、総合的に考えると「車のほうが便利な場合が多い」といえます。

最大の利点は、荷物や持ち物。たとえば春や冬にはコート、夏場には散水系のイベントで服が濡れてもいいように着替えを持っていったり、飲み物や軽食をクーラーボックスに入れておいたりできます。おみやげも車に預けられますね。

さらに、「疲れた時に車に戻ってきていったん仮眠できる」のも大きなポイントです。

あとは気持ちの問題として、舞浜駅から電車に乗ると途端に現実社会に引き戻されてしまいますが、車であれば帰りの車内でディズニー音楽などをかけて会話に花を咲かせることもできるので、パークの余韻を感じながら帰れる……なんていう小さなメリットもあります。

とはいえ、車も混雑時期は帰りの時間を考えないと、パークから出ようとする車で大渋滞に巻き込まれる可能性も。ひどい時は2時間近く駐車場から出られないというケースもあります。

また、遠方から来られた場合、帰りの長い行程をパークで遊び疲れた状態で運転して帰らなければならないというデメリットもあります。

さらに、車で来た場合に必要となるのが駐車場代金。両パークとも、1日平日は2500円、土日や休日は3000円とかなり高い料金です。

料金を安く済ませるテクニックとしては、同じ東京ディズニーリゾート内にある「イクスピアリ」が発行する「イクスピアリカード」（年会費無料）に入会すること。このイクスピアリカードは持っているだけで駐車場代金が2時間まで無料。駐車場の位置によってはもう1時間無料となるので、カード持っているだけで「常に3時間無料」となります。さらに、イクスピアリ内で3000円以上の買い物、もしくは食事をすればプラス2時間無料となり、合計約5時間無料になります。

また、意外に知られていないのがイクスピアリにある「東京ディズニーリゾート・チケットセンター」でチケットを購入した場合でも駐車場サービスが受けられること。パークで買うよりもこちらを利用するのもお得です（ギフトカードは除く）。

利用用途や滞在時間などによって選ぶのがよいでしょう。

ディズニー雑学

駐車料金は普通車1日2500円（平日）だが、実は入園制限がかかるとパークの駐車料金は無料になる。節約したいなら、あえて制限がかかったほうのパークに停めるという小さな裏技も（たとえば、制限のかかったランドに車を停めてシーに行くなど）。

Q22 パークには何時に行くのが正解？

A 120％楽しみたいなら、開園2時間前が基本

パークに行く時期や目的によっても相当変わってくるのですが、たとえば「アトラクションにできるだけたくさん乗りたい！」「ショーやエンターテイメントをいい場所で確実に見たい！」という場合は、開園2時間前が基本。最低でも開園の1時間前には着いていたいところです。

というのも、入園ゲートにはかなり多くのゲストが開園前から並んでいて、人気アトラクションのファストパスは早い時間でなくなってしまうこともあります。

通常時期の土曜日

開園2時間前	前から数えて5~10組目程度	
開園1時間30分前	前から数えて15～30組目程度	
開園1時間前	ランド	チケットブースの建物を超え、植え込みに列が到達
	シー	チケットブース建物から奥側への入場が閉められる
開園30分前	入園待ちのゲストが数えられない程度まで列が伸びる	

混雑時期の土曜日

開園2時間前	前から数えて15~30組目程度	
開園1時間30分前	ランド	チケットブースの建物を超え、植え込みに列が到達
	シー	チケットブース建物から奥側への入場が閉められる
開園1時間前	入園待ちのゲストが数えられない程度まで列が伸びる	
開園30分前	ランド	後方の柵や建物、荷物検査ゲート付近まで列が到達
	シー	北側はバス乗降場まで列が到達、折り返すことも

※筆者の独自の調査結果です。状況により大きく異なりますのでご了承ください。

わかりやすく説明するために、開園前のゲート前の様子を記してみます。

これを見ると、「そんなに早く行かなきゃダメなの?」と思われるかもしれません。

ただ、「朝11時頃入園して、2時間待ちのアトラクションに立って並ぶ」のと、「開園前の2時間座ってゆっくり待って(人によっては寝袋を持参していることも)、好きなアトラクションを計画的に回る」のとでは、後者のほうが効率的と言えます。

もちろん、それほど明確な目的がなく、ゆっくりパークの雰囲気を感じたいという場合には、この限りではありません。

ディズニー雑学

入園ゲート前は開園予定時刻のぴったり2時間前になると音楽が流れはじめる。ランドで最初に流れる曲はスプラッシュ・マウンテンで流れる、「ジッパ・ディー・ドゥー・ダー(Zip-A-Dee-Doo-Dah)」。「うきうき、わくわくの日」という意味。

Q23 パークに持っていくと便利なアイテムってある？

A▼ 10数種類あります。100円ショップで揃えていきましょう

パークに行く上では、できるだけ荷物を減らしつつ、当日の動きをスムーズにするために「準備しておくといいもの」があります。

長い時間の入園待ちやショーを待って見る予定ならばレジャーシートや待ち時間をつぶす携帯ゲーム機、冬ならばブランケット、夏ならば日焼け止めやうちわなど……。

ただ、これらはあたりまえなので、ここでは「どこにでもある100円ショップで買えて、ディズニーに持って行くと意外に便利なもの」を紹介します。

Q 23

パークに持っていくと便利なアイテムってある？

年間共通グッズ

1. パーク移動用にカードと現金のみを入れた「軽量簡易財布」
2. 日焼け止めやクリーム、化粧品は小瓶に入れて軽量化
3. 雨ガッパは100円ショップで用意。上下別のタイプがおすすめ
4. 余ったポップコーンはチャック付きビニールに入れて保存
5. 着替えや必要なものは1日ごとに分けてメッシュバックに
6. 小分けできる薬ケースに常備薬やサプリを必要分だけ持参
7. コンパクトカメラのケース
8. レジャーシート
9. ミニタオルやウエットティッシュ
10. スマートフォンや携帯の充電コード
11. スマートフォン用ケース
12. 旅行チケット類用クリアホルダー類

夏のシーズン用

1. 体を冷やすクールグッズや保冷剤
2. 保冷用ペットボトルホルダー
3. クールタオル類
4. 防水うちわ（閉じられる扇子《せんす》タイプがおすすめ）
5. さらさらシート類
6. 日焼け止め or サンオイル
7. 散水イベント用スマホ & 携帯防水ケース
8. 散水イベント用簡易サンダル

冬のシーズン用

1. 使い捨てカイロ
2. 保温用ペットボトルホルダー
3. スマホ用手袋
4. マスク
5. ハンドクリーム、リップクリーム
6. 折りたたみクッション

これらのグッズは現地で不要になったり、壊れたりした場合は捨てて帰ってきてしまえば、帰りの荷物も減ります。

あまりエコではありませんが、金額も安いので負担にならないのがメリットです。

意外に使える100円ショップ、パークに行く前にちょっとのぞいてみてはいかがですか?

ディズニー雑学

雨具や電池、ポケットティッシュやストッキングなど、パークで急に必要になりやすいものは、ランドでは「ギャグファクトリー/ファイブ・アンド・ダイム」か「プラネットM」、シーでは「ディスカバリーギフト」にだいたい揃っているので、覚えておくと便利。

Q 24

リアルタイムな情報はどうやって手に入れたらいい？

A

ツイッターのハッシュタグを利用しましょう

ディズニーリゾートは「永遠に完成しないテーマパーク」をキーワードに掲げているので、常に何かが変わり続けています。たとえば季節のイベントやアトラクションのリニューアルなどの大きな変化は公式サイトで知ることができますが、ここに載らない小さな変更も常に行われています。

こうしたちょっとした変化やパークのリアルタイムの情報を知るにはツイッターが適しています。特に、ツイッターの機能である「ハッシュタグ」を利用するのがよい方法です。

「ハッシュタグ」とは「特定の事柄に関するツイートだけを抽出するもの」で、たとえば「#disney」というハッシュタグをツイッター内で検索したり、クリックしたりすれば、「#disney」のタグがついたツイートをまとめて見ることができます。

情報収集としておすすめしたいのは「#TDR_now」というタグです。

これは「東京ディズニーリゾートの今を伝えるタグ」で、たとえば現地の天気や混雑状況、開園が早まるアーリーオープンの有無、人気のショーやパレードの待ち状況や雨・風の状況、人気商品の在庫状況など、非常に幅広い分野で現在の状況がわかります。

当日はもちろんですが、自分が行こうとしている時期の近い時にこのタグを見ることで、混雑具合やショー・パレードの埋まり具合が把握でき、計画が立てやすくなります。

ディズニー雑学

ツイッターをやっていなくてもこのタグの情報は見ることが可能。パーク内の細かな情報を知るには最もスピーディーだと思われる。パークも公式アカウントを有しているが、こちらはPR用のアカウントなので、混雑状況などの詳しい情報は発信されていない。

#TDR_now のタイムライン

Q 25

写真を撮るのにいい場所を教えて

A

「フォトスポット」を予習していきましょう

パークの思い出に欠かせない写真。たとえば、ランドならシンデレラ城、シーならばプロメテウス火山をバックに撮影がスタンダードなところですが、それ以外の場所ではどうでしょうか？

そんな時便利なのは、ディズニーリゾートのオフィシャルスポンサーである「富士フイルム」が提供している「フォトスポット」や「パナソニック」が提供している「ビデオスポット」です。

Q 25

写真を撮るのにいい場所を教えて

パークを散策していると下のイラストのような標識があり、「富士フイルム」と「パナソニック」それぞれのホームページを見るとその位置が掲載されています。

いずれのスポットも主要なアトラクションやパークを代表する風景が入る場所に設置されており、ここで撮影しておけば間違いない、という場所でもあります。

全部覚えていくのは大変ですが、行く前に一度でも目を通しておくとよいのではないでしょうか。

「富士フイルム」のフォトスポット紹介ページ

http://www.fujifilm.co.jp/disneyland/photo_spot.html
http://www.fujifilm.co.jp/disneysea/flash_top.html

「パナソニック」のビデオスポット紹介ページ

http://panasonic.co.jp/tokyodisneyresort/tdlvideospot/
http://panasonic.co.jp/tokyodisneyresort/tdsvideospot/

※URL は変更される場合もあります

ディズニー雑学

ディズニーランドはシンデレラ城正面が北側を向いているため、午前中は城を背景に撮影すると逆光になりやすく、撮影は昼過ぎのほうが向く。シーのプロメテウス火山は東方向を向いているので特に時間は気にしなくてもＯＫ。

Q 26

混みすぎてレストランが空いてない！どうすればいい？

A

ピーク前に行くか、「イクスピアリ」などに行くのも手

パークの楽しみといえばアトラクションやショー、パレードなどさまざまですが、欠かせないのが食事。パークで1日遊べば、1～2回は食事をすることになります。

ただ食事時《どき》はどこも混んでいて、人気のレストランでは1時間を軽く超える待ち時間になることも珍しくありません。そうなると、「ピークをずらしてあとで来よう」などと考えてしまいがちですが、結論から言うと、時間を遅らせても意味がありません。

パーク内のレストランはランチタイムなら12時過ぎ、ディナーは夜6時過ぎが混雑の

一般的な混雑日（混んでいる土曜日が目安）の傾向

10時	好きな席を自由に選べる貸切状態（レストランの営業時間に注意）
10時30分	混雑日には最適の時間。店内にゲストはわずか
11時	最低でもこの時間に！ ゲストが増えはじめ、席はなんとか空いている
11時30分	すでに混雑開始。空いている席はあまりないがなんとか座れるかも
12時	ピークの開始。注文列が伸びはじめ、かなり混んでくる
12時30分	最も混雑する時間帯。長い列ができ、キャストが整列を始めることも
13時	ピークは過ぎるが、ゲストは減らない。座席はまだほぼ満席
13時30分	購入列は若干減りはじめるが、整列していたゲストが残るのであまり空かない

※筆者が独自に調査した傾向です。混雑状況により異なる場合もあります。

ピークとなります。

このピークの時間からあとにずらしても、それまでに並んでいたゲストが多くいるため、ほとんど意味がないのです。

そこで、「混雑時の食事は早めるのが鉄則」です。

お昼なら10時30分に食べること。遅くとも11時までにはレストランに入ることをおすすめします。

夜も若干のばらつきはありますが、ピークの90分前である16時半頃に入ればゆったりと食事ができます。

また、もう一つおすすめするのはパークを一度出てからご飯を食べる方法です。

パークではお弁当などの持ち込みは禁止されていますが、一度パークを出て再入場するのはＯＫ。

ですから、舞浜駅直結のショッピングモールであるイクスピアリまで行って、ゆっくりと食事をしてから再びパークに入るのも賢い手です。より手軽に済ませたいという場合には、ディズニーランドホテル内の一階に「ルッキンググラス・ギフト」という24時間営業のコンビニエンスストアがあります。ホテルの中なので意外と知られていませんが、弁当・おにぎり・サンドイッチ・麺類、さらにはアルコールも販売されており、街中のコンビニと変わらない品揃えです。自家用車で来られている場合はここで食事を購入して、休憩をかねて車で済ませるのもありでしょう。

ディズニー雑学

インターネットのレストラン事前予約が満席、さらに当日朝に直接受け付けているプライオリティ・シーティングが終了だったとしても、それはすべて予約で埋まったわけではなく、直接来店したゲストの枠は別に用意されている。そのため、レストランの開店時間前に行けば、人気レストランでもほとんど待ち時間なしで入れることも多い。

Q27

コスパのいいレストランが知りたい

A

ランドなら「グランマ・サラのキッチン」、シーなら「カフェ・ポルトフィーノ」

好みの問題もありますが、単純に「味とコストのバランスいい」、「席数が多く座りやすい」、「メニューが多い」などを総合的に考えた時、筆者のおすすめはランドでは「グランマ・サラのキッチン」、シーでは「カフェ・ポルトフィーノ」です。

「グランマ・サラ～」では大体1500円前後で季節のスペシャルセット（メイン・ドリンク・サラダ・デザート）があり、「～ポルトフィーノ」では若干高くなりますが、1800円前後でセット（チョイスする品目は異なります）が食べられます。

特にランドに関しては、食事の内容がいわゆる「遊園地ご飯」が多いのに対し、この「グランマ・サラ～」はそれなりに調理されたものが多く、味と値段、店内の落ち着いた雰囲気を考えると総合的な満足度は高いと思います。

単価は高めですが、「～ポルトフィーノ」もシーフードを中心としたパスタやカツレツ、オープンキッチンで焼かれているロティサリーチキンなど、メニューも多彩です。

もちろん、お金を支払えばよりおいしい料理やレストランは他にもありますが、コストパフォーマンスに優れているのはこの2つでしょう。

ディズニー雑学

「グランマ・サラのキッチン」はジャコウネズミのサラおばあちゃんのレストラン。店舗入口看板にはその姿が見られる。「カフェ・ポルトフィーノ」は以前、小さなレストランだったが、客が増えたため、隣の魚網《ぎょもう》修理屋も改装したという物語がある。

Q 28

レベルの高い食事を食べるならどこ？

A

ランドなら「ブルーバイユー・レストラン」など。ディズニーホテルのレストランも◎

「食事にこだわりたい」という場合、ランドでは**「センターストリート・コーヒーハウス」**、プライオリティ・シーティング（事前予約）の対象になっている**「ブルーバイユー・レストラン」**、**「イーストサイド・カフェ」**、**「れすとらん北斎」**がおすすめです。

一方、シーは食事に力を入れているので、基本的にテーブルサービスのレストランであればそれなりのクオリティーがどこもありますが、ゆったり食事を楽しみたいならば**「マゼランズ」**や**「S・S・コロンビア・ダイニングルーム」**がおすすめです。

「マゼランズ」は外界から遮断された重厚な雰囲気の中で食事が楽しめることや、本棚の奥に隠された秘密の部屋「ワインセラーダイニング」も、空いていれば入れることも。

またS・S・コロンビア号の1等客室専用のレストランという設定である「S・S・コロンビア・ダイニングルーム」は豪華で高級感溢れるつくりの中でコース料理が味わえます。3000~8000円のコース料理の他、単品の料理も提供されています。

食事にこだわりたいという場合、これらレストランを事前予約しておくのが確実です。

なお、3つのディズニーホテルのレストランにはさらにクオリティーの高いレストランがあるので、こちらもあわせて検討されてみてください。

ディズニー雑学

高いイメージのあるディズニーホテルのレストランだが、実は平日のランチ時間帯には2000円台の安価なメニューもあるところも。混雑したパークよりも静かで落ち着いたサービスが受けられるこちらもおすすめ。

Q 29

疲れたときに一息つける場所はない？

A

ディズニーホテルのラウンジ、パーク内なら「ピクニックエリア」がおすすめ

広いパークに1日中いると、だんだんと疲れてくるものです。車で来園していれば戻って仮眠もできますが、電車やバスの場合はそうもいきません。

そんな時、比較的空いている場所としておすすめなのは、ランドならディズニーランドホテルの「ドリーマーズ・ラウンジ」、シーの場合はホテルミラコスタの「ベッラヴィスタ・ラウンジ」です。

両ラウンジとも宿泊者以外でも利用でき、予約制ではありません（ベッラヴィスタ・

ラウンジの食事は予約あり）。混雑時期には待ち時間が発生する場合もありますが、静かなラウンジで、場所によってはゆったりとしたソファーでゆっくり休憩することも可能です。

これらのラウンジは他のレストランに比べると比較的空いている傾向があり、混雑していてもレストランに比べて待ち時間はかなり短くなっています。パークの外でありながらもディズニーホテルの中ですので、ディズニーの雰囲気を感じながら休憩できます。

ただ、休憩したいといっても、そんなにお金もかけたくないし、本当に座ってゆっくりしたいだけ、という場合は、両パークとも入園ゲートの外にある「ピクニックエリア」が意外におすすめ。

入園制限クラスの大混雑で、パーク内は座るどころか歩くスペースもない……という場合でも、このピクニックエリアはほぼ確実に座って休憩できる場所です。

真夏や真冬、悪天候の時はさすがに厳しいですが、春や秋の天気のいい時は非常に快適です。

また、混雑時の食事はイクスピアリに行くのも一つの方法ですが、「そこまで戻りたくない！」という場合もあると思います。

そんな場合は、パーク内のサンドイッチやパンを購入し、このピクニックエリアで座って食べるのもいい方法です。

なお、次ページではこれら以外の「比較的空いていて落ち着けるレストランとスポット」を表にしています。

こちらもあわせて参考にしてみてください。

ディズニー雑学

ピクニックエリアは、ランドでは1か所、シーはミラコスタ側のノースゲートにあるが、実はサウスゲート側にも小さなスペースがあることは意外に知られていない。ピクニックエリアには水飲み場やごみ箱も設置されており、パークの雰囲気を感じながら食事や休憩ができる穴場スポット。

Q 29

疲れたときに一息つける場所はない?

ディズニーランド

ラッキーナゲット・カフェ〈レストラン〉	ウエスタンランドのチキンを扱うお店。半分の席が屋外のため、悪天候時は席が少なくなる。また、リニューアルのため、2015年秋でクローズ
グランマ・サラのキッチン〈レストラン〉	おすすめは二階の右奥にある席。人通りの少ない場所にあるので落ち着ける
ディズニーギャラリー	ワールドバザールの2階にあるディズニー作品に関するギャラリー。ゆっくり座れるベンチなどはないが、人が少ない
トムソーヤ島	子どもの遊び場が多いので、子どもを遊ばせている間にパパ＆ママは座ってゆっくり休憩するのに最適な場所

ディズニーシー

テディ・ルーズヴェルト・ラウンジ〈レストラン〉	S.S.コロンビア号の中にある静かなラウンジ。ハードユーザー憩いの場
マゼランズ・ラウンジ〈レストラン〉	レストラン「マゼランズ」の中二階部分にあるラウンジ。軽食はなく、アペタイザー(前菜)やデザートのみ
ミゲルズ・エルドラド・キャンティーナ〈レストラン〉	ロストリバーデルタにあるレストラン。天気のいい日は水辺のテラス席が気持ちいい
「レストラン櫻」裏側デッキ	川沿いにベンチが並んでいるだけの場所だが、贅沢な空間
フォートレス・エクスプロレーション	プロメテウス火山の前の要塞。人通りが少なく、全体的には静かな場所

Q30

トイレが混んでる！空いてるトイレってどこかにない？

A いくつかあるので紹介します

パーク内で混むのはアトラクションだけではありません。特に入園制限がかかるような日は入園前からトイレが大行列！ということもよくあります。

そんな時のため、ここでは「パークの中の穴場トイレ」をご紹介します。

開園前のトイレ

Q 30

トイレが混んでる！ 空いてるトイレってどこかにない？

多くの人が集まっている入園ゲートの前では、開園1時間前を切ると、トイレに長い行列ができはじめます。

特に開園30分を切った頃は大混雑なので、開園1時間前には済ませておくことを基本にしましょう。

電車で来る場合は、舞浜駅のトイレや「ボン・ヴォヤージュ」がオープンしている時間（通常は7：30オープン）なら、そこで済ませておくのも一つの手です。

穴場としては、舞浜駅からパークに向かう途中のペデストリアンデッキ（歩行者用の橋）の先には荷物検査の

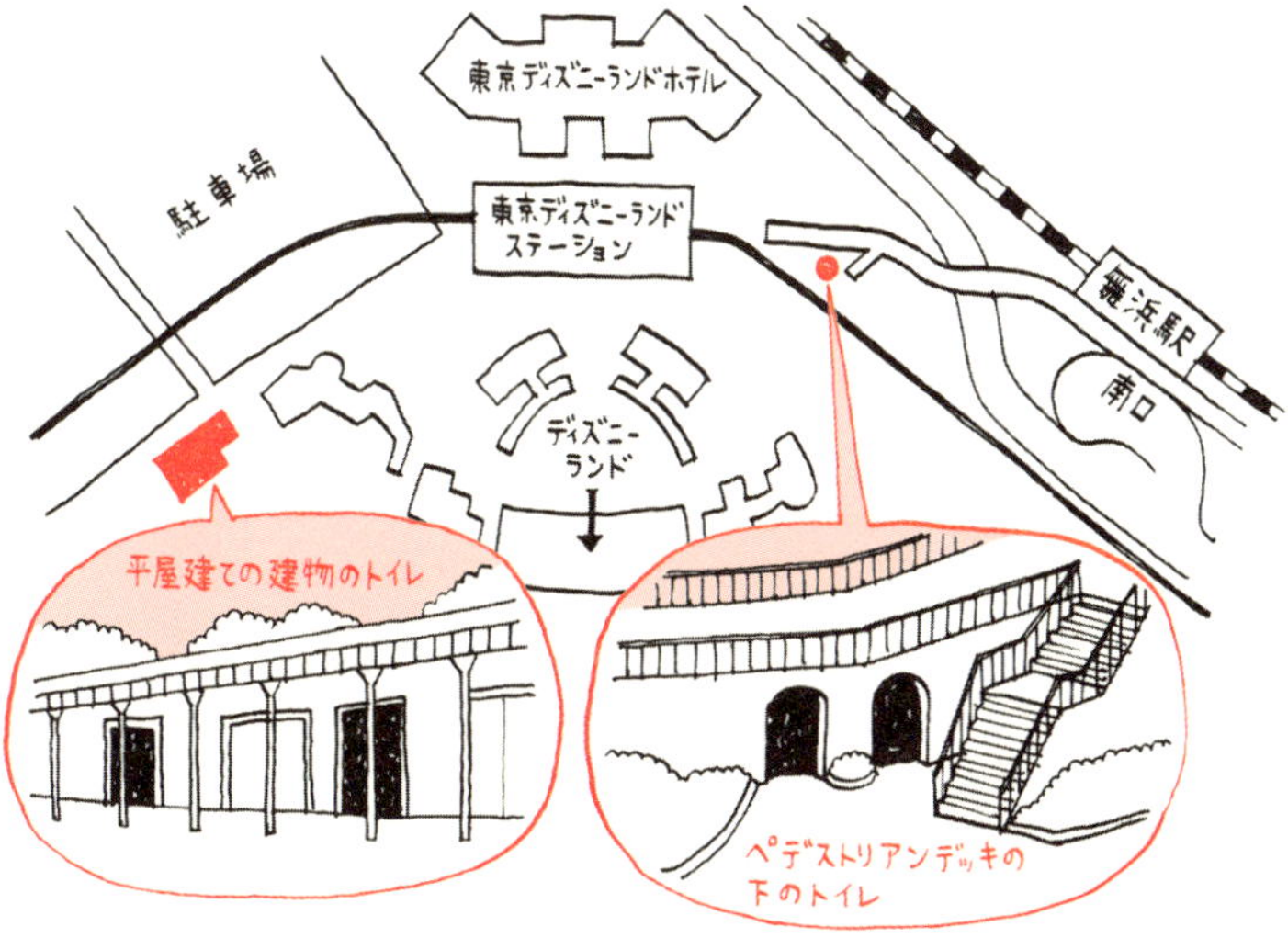

ゲートがありますが、この橋の左側には小さな階段があります。

実はこの下に、小さなトイレが1か所あるのです。一見してトイレとわからないため、意外なほど空いています。

また、入園ゲートから少し距離はありますが、駅とは逆方向の駐車場、大型バスの駐車場近くにコインロッカーなどがある平屋建ての建物があり、このトイレは開園間際でも長蛇の列になることはあまりありません。少し距離はありますが、長い時間待つことを考えればこちらもおすすめです。

パーク内の穴場トイレ

続いて、パーク内のトイレを見ていきましょう。

パーク内のトイレ利用のポイントとしては、「レストラン内にあるトイレを利用する」こと。もちろんレストラン利用が前提の場合ですが、個室数が少ない割に長蛇の列になることはないので、レストランを出る前に済ませておきましょう。

とはいえ、長い滞在時間では困ることもありますから、それ以外の穴場をご紹介。

【ディズニーランド】

●パークに入ってワールドバザールに入る前、左右奥にあるトイレ

●トゥモローランドの抽選会場正面にあるトイレは個数が多いので回転が速い

●ウエスタンランドの「ラッキーナゲット・カフェ」の横にあるトイレ

●トムソーヤ島いかだで島に渡った「船着き場正面の建物」と「サムクレメンズ砦」の中のトイレ

この他、ほとんど知られていないのはアドベンチャーランドの「魅惑のチキルーム：スティッチ・プレゼンツ〝アロハ・エ・コモ・マイ！〟」の中に入って、上演を待つエリアにあるトイレ。待機エリアの右奥に、小さなトイレがあるのです。ここは列ができることはまずありませんし、ほとんど知られていない穴場中の穴場とも言えます。アトラクション内部にトイレがあるという非常に珍しいケースです。

【ディズニーシー】

続いてディズニーシーについてですが、シーの場合は全体的にトイレが長蛇の列になることはあまりありません。

逆に**混みやすいのは、シーの抽選会場「ビリエッテリーア」の脇にあるトイレや、アメリカンウォーターフロントの「エレクトリックレールウェイ」駅舎の下**が混雑する傾向があります。

一つ面白いトイレをご紹介しておくと、S・S・コロンビア号の中にあるトイレ。この船の3階部分（Bデッキ）にあるのですが、その存在さえもほとんど知られていないのでいつ行ってもかなり空いています。また豪華客船の中のトイレなので、重厚で豪華な装飾がされているのです。

なお、トイレで最も困るのは我慢できない小さなお子さん。やっとトイレを見つけても、そこで行列しているとアウトですよね。そんな時は、「ベビーセンター」を目指しましょう。

おむつ替えや離乳食を与える場所のイメージがあるベビーセンターですが、実は子ども用のトイレもあります。混雑時には覚えておくと助かります。ランドはワールドバザールとトゥーンタウンの2か所ありますが、シーはメディテレーニアンハーバーに1か所しかありませんのでご注意を。

ディズニー雑学

ランドの女性用トイレで個室数が一番多いのは、モンスターズ・インク前の約40。他は10～20数室程度なので、圧倒的に多い。ただ、ここは人も多いので、列が長くなりやすいという特徴も。対して、シーはパーク全体のトイレが平均して20室程度となっており、混雑の差はあまりない。

Q 31

友だちや職場の人に渡すおすすめのおみやげは？

A

職場にはおせんべい、友人には小分けにできるボールペンやメモ帳など

好みの問題も大きいですが、職場に買っていくおみやげなどは比較的年齢が上の方も多いと思うので、「おせんべい（ライスクラッカー）系」が安全ではないでしょうか。おせんべいなどであれば当たりはずれや好き嫌いもあまりないと思われますし、入れ物も軽く、比較的日持ちもするタイプのものが多くあります。

また、値段的にも安い割には数もたくさん入っているものが多いので、数の心配をしなくてもいいなどのメリットがあります。また、溶ける心配のあるチョコレートなどに

比べると気を使わなくていいのも助かります。

友人などに買っていくちょっとしたおみやげとしては、「ボールペンセット」や「歯ブラシセット」、「メモセット」などの小分けにできるタイプのもの。

近年はこれらの「微妙な需要」をパークも理解しており、最初から小分けにできるように台紙にミシン目が入っているものなども販売されています。

ディズニー雑学

ショップには稀にグッズが割引販売される「スペシャルプライズ」がある。在庫過多やシーズン終了間際のものが多いが、中には50%以上割引になっているケースも。これらは公式ページには掲載されず、現地でないと確認できない。比較的目立つ位置に陳列されているのでぜひ確認を。

Q 32

他では手に入りにくいおみやげってないの？

A ディズニーホテル限定のおみやげはここでしか買えない

パーク内で販売しているグッズやお菓子は、「ランドだけでしか売っていないもの」、「シーだけでしか売っていないもの」と、「両パーク共通」の商品があります。これらの種類は常に数百種類あり、たとえば30周年の時には両パークあわせて約６００種類の商品が販売されました。

そんな中で、この「どちらかのパーク限定」のグッズが一般的に他では買えないグッズということになりますが、もう少し希少価値を求めるのであれば、ミラコスタ、アン

Q 32

他では手に入りにくいおみやげってないの？

バサダーホテル、ディズニーランドホテルで売られている「各ディズニーホテル限定」のグッズやお菓子はいかがでしょうか。

ホテルショップではパークのグッズなどを販売していますが、逆にパークのショップではホテル限定のグッズは販売していません。

3つのディズニーホテルの共通グッズなどもありますが、「そのホテルだけの限定商品」も販売しており、これは宿泊者でなくても購入できます。各ホテルで販売しているお菓子は少し単価の高い高級なものもあり、こちらもおすすめです。また、ディズニーホテル宿泊者限定ですが、ラゲッジオーナメント（カバンにつけるキーホルダーのようなもの）が購入できます（2015年10月1日より商品が変更）。これは各ホテルでデザインが異なり、さらにオリジナルのチャームなどをつけられるのでなかなか貴重なものです。

また、各パークでこの世に一つしかないオリジナル商品として有名なのは、シンデレラ城の下にあるショップ「ガラスの靴」、もしくはディズニーシーではアラビアンコーストのショップ「アグラバーマーケットプレイス」で販売しているガラス製品に文字などを入れてくれるサービス。

また、ディズニーランドの「コズミック・エンカウンター」、ディズニーシーの「ロストリバーアウトフィッター」では季節ごとにイニシャルやチャームなどが変えられる、オリジナルグッズの制作と販売があります。

他にもランドの「フロンティア・ウッドクラフト」では革製品に名前などを彫ってくれるサービスを行っています。商品は同じでも刻まれる文字は人それぞれ。この世に一つしかなく、希少価値のおみやげになるでしょう。

ディズニー雑学

季節のイベントで販売されるグッズ類は、「一時完売したが再入荷する場合」と「再販なしの完全な売り切れ」の場合がある。ツイッターでは「○○が完売!」などの情報も流れることがあるが、どちらのパターンなのか見極める必要あり。

Q 33

男性へのおみやげは何がいい？

A

ウエスタンランド内の革製品はいかが

ディズニーのおみやげはどちらかというと女性向きの商品が多いですが、男性向けには革製品に名前を入れてくれるストラップやキーホルダーはいかがでしょうか？

ランドのウエスタンランド内、「フロンティア・ウッドクラフト」で取り扱っています。

その人の好みにもよりますが、かさばらず、なおかつオリジナルなのでセンスのいいおみやげになるのではないでしょうか。

また、ディズニーなのにディズニーらしくないおみやげとしては、「ウエスタンウエア」

内の革製品や帽子、シャツなどは意外にセンスのいいものが揃っています。

また、トゥモローランドの「プラネットM」では、スター・ツアーズ関連のグッズを販売中。数や種類はそれほど多くはないですが、「スター・ウォーズ」好きの男性にはおすすめです。また、「トイ・ストーリー」などの男の子&男性向けのグッズもいくつかあるので、同映画が好きな方には喜ばれるかもしれません。

ディズニーシーではロストリバーデルタの「ロストリバーアウトフィッター」でオリジナルグッズの制作の他、シックな色づかいの男性好みの商品が多く並んでいます。

ディズニー雑学

「プラネットM」はミッキーが発見した小さな惑星「プラネットM」で、おもちゃの原料の物質が発見、ミッキーが監督となり、おもちゃを生産、販売しているという物語がある。トイ・ストーリーなどのピクサー映画のキャラクターグッズを主に販売している。

Q 34

パーク内で荷物やおみやげを送れる場所はある？

A

宅配センターはもちろん、お店から直接郵送できるショップもある

パークは広いので、おみやげを持って動き回るのは大変な負担です。そんな中便利なのが「宅配センター」。両パークともエントランスの近くに宅配センターがあり、パークで買ったおみやげや不要な荷物を有料で送ることができます（壊れものなど、一部商品を除く）。また、チョコレートなどの商品はクール便で配送も可能です。

「もう一段階便利なサービス」としては、買い物をしたら「お店から直接発送してくれるショップ」があり、次のショップでは会計時に商品の発送を受け付けてくれます。

ディズニーランド

「ホームストア」(ワールドバザール)

「ギャグファクトリー / ファイブ・アンド・ダイム」(トゥーンタウン)

ディズニーシー

「タワー・オブ・テラー・メモラビリア」(アメリカンウォーターフロント)

「アグラバーマーケットプレイス」(アラビアンコースト)

「キス・デ・ガール・ファッション」(マーメイドラグーン)

ディズニー雑学

意外と知られていないが、ディズニーホテルに宿泊したゲスト向けに「バゲッジデリバリーサービス」という、指定のショップで買った商品をホテルに届けてくれるサービスがある(受け取りは部屋ではなく、ホテルのカウンター)。

Q35

パレードはどこで見れば楽しめる？

A じっくり見るか、なんとなく見たいかでポジションが変わってきます

パレードの基本情報

ディズニーランドのメインエンターテイメントの一つである「パレード」。「季節ごとのイベントパレード」と「レギュラーのパレード」がありますが、どちらも同じルートを使用します。

パレードには「停止するタイプ」と「停止しない通過型タイプ」の2種類があり、季

節イベントの場合はイベントごとにキャラクターの停止位置やパレードのフロート（パレード用の車）に乗っている位置が異なるため、**お目当てのキャラクターを近くで見たい、写真に撮りたいという場合は事前に調べておく必要があります。**

パレード時間はプログラム上では約40分と表記されることが多いですが、実際にはこれはパレードのスタートから終了までの時間なので、停止位置で見ていたとしても実際にパレードを見られる時間は12～13分程度、停止しない位置ならばほんの数分という短い時間です。

ただし、パレードはしっかり場所取りをしなくても遠目からでも十分に楽しめるものでもあります。

同行者とアトラクションメインなのか、こうしたパレードをメインとするのかをあらかじめ決めておくことがその後の計画をスムーズに進めるポイントです。

おすすめのパレード観覧ポイント

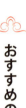

Q 35

パレードはどこで見れば楽しめる?

基本的にはパレードはルート沿いであればどこでも楽しめるのですが、やはり停止版のパレードならば、その停止位置。

季節ごとのスペシャルパレードも、開始して何日か経てば各ディズニーブログや関連サイトにパレードの詳しい停止位置などが掲載されていきます。

大まかな位置を確認した上で、現地でキャストに詳しい位置を尋《たず》ねれば教えてもらえるので活用しましょう。

ここではさらに、キャラクターの停止位置以外のおすすめスポットを5つ紹介します。

1　ウエスタンランドのビックサンダー・マウンテン近くの広くなった通路外側

パレードでは、「なるべく全体を見渡せる場所」がおすすめなのですが、このウエスタンランドの位置はまわりに障害物が少なく、パレード全体がよく見えやすくなっています。季節のパレードではここにミッキーが止まることが多く、人気の場所となっています。

2　城前パレードルート、アドベンチャーランド方向への通路手前、ワールドバザール寄り

この中途半端な位置がおすすめな理由は、「パレードの背後にシンデレラ城が入る」こと。この位置は城方向からまっすぐパレードルートが伸びてくる形になるため、背後にシンデレラ城が大きく映ります。

しかし、ここはパレードルート沿いで観覧スペースが座り見で2列程度しかありませんので、早めの場所取りが必要になります。イベント初日はパレードの取材で「プレス（取材）エリア」となることもあり、それほど「画面《えづら》」がいい場所です。

3 ウォルトとミッキーのパートナーズ像脇から、シンデレラ城方向

この位置は、ほぼすべての停止型パレードでミッキーなどの主要キャラが停止することが多く、さらには真後ろにシンデレラ城が大きく入るため、構図が非常にいい場所です。ただ、条件がいい分、ビデオやカメラの撮影を目的とする方が非常に早くから場所取りをするスポットなので、競争率は高めです。

4 「トゥモローランド・テラス」レストランのテラス席

座席数は非常に少ないですが、レストランのテラス席から（池越しにはなりますが）パレードを座って見ることができます。

この池近くを通過する時、反対側にはゲストがほぼいませんので、フロート上のキャラクターはテラスのほうを向いてくれる可能性が高い場所です。

ただ、パレードルートまでは若干距離があるので、「しっかり見なくてもいいけれど、なんとなく見たい」方に最適な場所です。

5 「トゥモローランド・テラス」から「スタージェット」手前のインコース側

「立ち見でいいのでなんとなく見たい」という時におすすめなのはこの場所です。

ここはパレードが近づいてくると横断が停止され、行き止まりになり、なおかつマイナーなエリアでもあるために、座り見や立ち見を合わせても全体的にゲストが少ない場所です。

なお、パレード終了後は周辺のレストランやアトラクション、ショップにゲストが集中して混むことがあります。次の予定が決まっている場合は、パレード終了後、すみやかに移動することをおすすめします。

ディズニー雑学

通常のパレードはファンタジーランド↓ウエスタンランド↓プラザ（城前）↓トゥモローランド↓トゥーンタウンの順で進んでいくが、雨の日限定のパレード「ナイトフォール・グロウ」は真逆方向、トゥーンタウンから出発する。これはパレードのフロートが格納される倉庫の都合。

Q 36

花火がよく見えるおすすめのポイントは？

A

ランドなら基本はどこでも見える、シーなら「ポンテベッキオ橋」などがおすすめ

ディズニーの1日を締めくくるのは夜空を彩るパークの花火ですが、ランドの場合、パーク内ならほとんどの場所で見ることができます。建物の影にならなければ基本的にどこでも見えると思っていいでしょう。

一方、花火が見えない場所が多いのがディズニーシー。高低差がある建物や地形、プロメテウス火山があるミステリアスアイランドの周辺など「まったく花火が見えない場所」も多くあります。

Q 36

花火がよく見えるおすすめのポイントは？

では、そんな中、どこで見たら一番よいのでしょうか？

花火の打ち上げ場所は、ランドとシーの間。オリエンタルランドの敷地内から打ち上げられます。

打ち上がる方向の目安としては、まっすぐ入場ゲートから入ってきた時、ランドならシンデレラ城の左上、シーの場合はプロメテウス火山を正面に、右側（ミラコスタの陰になる部分）です。

この位置を考えると、ランドのおすすめ位置は下のイラストの地点。

シンデレラ城前、スペース・マウン

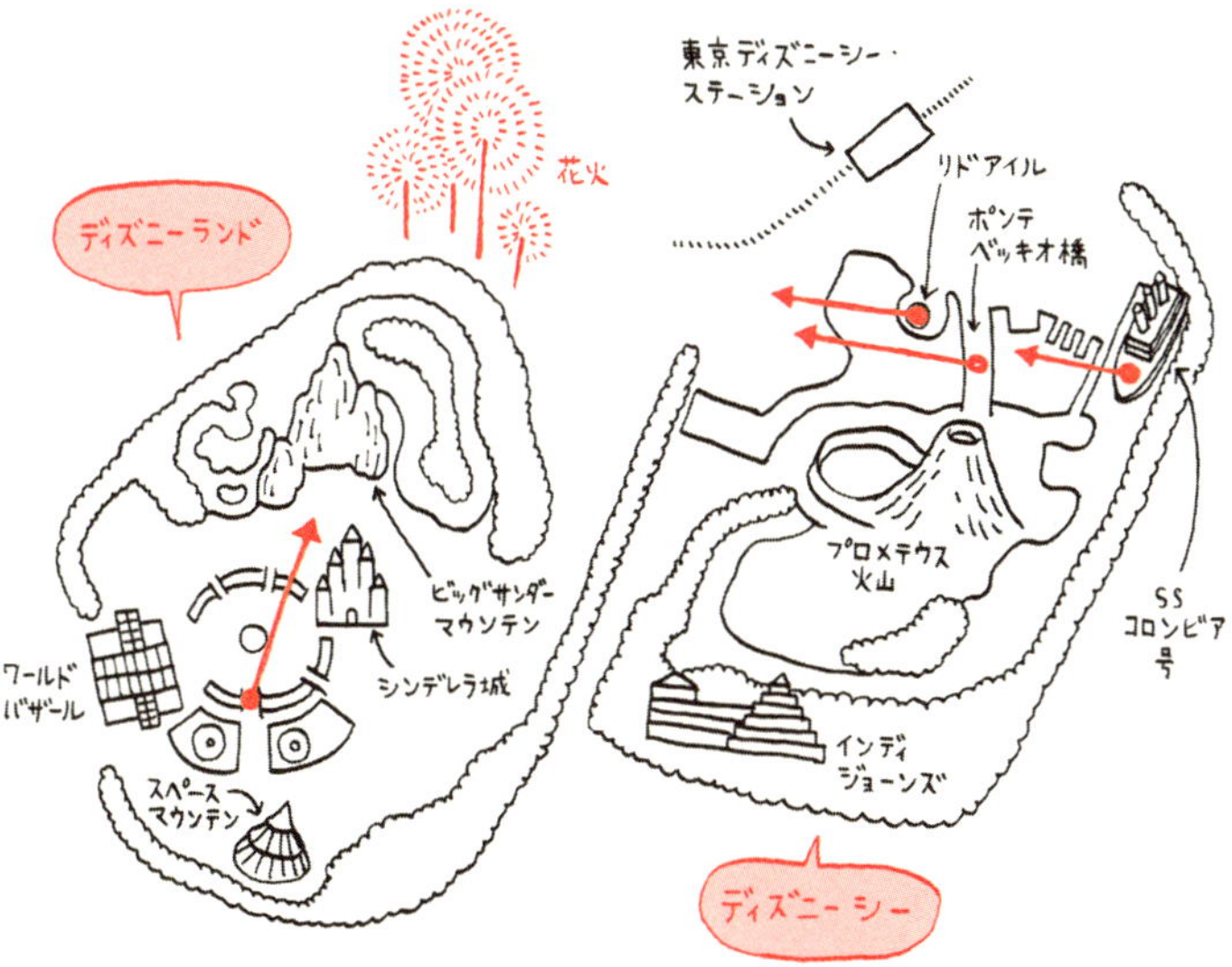

テン方向に伸びる通路があるのですが、そのやや城寄りの方向から、斜めにシンデレラ城を見るくらいの位置です。城の背後に花火が入り、より幻想的に見えます。さらに花火が終わったあとに退園する場合は、混む前にすみやかに出口に向かえる位置です。

シーの場合は、ハーバーの南側にかかる橋**「ポンテベッキオ橋」の上や、海に突き出た小島「リドアイル」**がおすすめです。また、少し離れますが、**「S・S・コロンビア号」の甲板**からパークの夜景の奥に見える花火もなかなか素敵です。シーは全体的に「パークの左側（南側）半分の位置」から見ると見えやすいイメージです。

ディズニー雑学

シーがオープンした２００１年当初はシーでの花火の開催は正式なプログラムとなっておらず、音楽も流れていない状態で、「たまたまランドでやっている花火がシーからも見える」という位置づけだった。その後シーの2周年からはシーでも正式なショープログラムの一つとなった。

Q 37

「ショー」と「パレード」ってどう違うの？

A

パレードは定員なし、ショーは形式が多彩で定員がある場合がほとんど

パークで行われるエンターテイメントは大きく分けると「ショー」と「パレード」があります。厳密には「パレード」も「ショー（プログラム）」の中の一つなのですが、「パレード」は基本的にランドでしか行われません。

パレードは長いルートを進んでいくので、一度の公演で数千人から数万人規模のゲストが観覧できますが、「ショー」は基本的に決まった会場でのステージをメインに行うので、定員がある場合がほとんどです。

そのため、ショーによっては抽選制が取られ、当選券がないと観覧できない座席があるものもあります。

ショーは完全入れ替えだけでなく、一部だけ入れ替え制だったり、並ぶ場所がショーの公演ごとに異なったり、また、そうした方法がイベント開始後でも変更になるなど、かなり複雑になってきている傾向があります。

詳しくはホームページや現地のキャストに確認してみてください。

ディズニー雑学

パレードはシーでは開催されないが、２００３年９月に開催された２周年イベントの「ミッキーのファンタスティックキャラバン」と、２００３年９月に開催された「ドラマティック・ディズニーシー」の中のショー、「スタイル！」ではハーバーのまわりで陸上パレードが開催されたことがある。

Q 38

ワンス・アポン・ア・タイムって何？どこで見ればいいの？

A

パレードルートからシンデレラ城に向かって斜め45度の方角はおすすめ

「ワンス・アポン・ア・タイム」は2014年5月29日から始まったディズニーランドの新しいナイトエンターテイメントで、シンデレラ城が巨大スクリーンになり、ディズニー映画のキャラクターたちがたくさん登場（映像のみ）する壮大なショーです。

観覧する場所ですが、簡単にいうならば「シンデレラ城の正面に近い位置」がベスト。理由は単純で、「真正面に対して映像が投影される」ため、**横にずれればずれるほど投影されるキャラクターの顔などがわかりにくくなる**からです。

またもう一つのポイントは、シンデレラ城下の「普段通路となっている部分が見えるかどうか」。

ショーが始まる前にこの通路は閉鎖されて、スクリーンが上から降りてきます。このワンスは、城全体がスクリーンとなるのですが、**キャラクターの主要な場面は「城の下の広くなっている部分に投影されることが多い」**ためです。

具体的な場所をいえば、城の正面にある円形の花壇《かだん》周辺。この位置からなら城の下もよく見え、城全体が見えるので間違いなくベストな位置です。

ただ、このよく見える場所というのは、「イコール大人気の場所」で、早々に場所取りが始まります。昼前くらい、早い時は入園直後から場所取りは始まります。本当にベストなポジションで見るためには「5~6時間待ち」くらい、場合によってはそれ以上の覚悟をする必要があるでしょう。

ただ、なかなかそんなに長い時間は待てないと思いますので、筆者のおすすめは「パレードルートからシンデレラ城を斜め45度くらいの角度で観覧」すること。

Q 38

ワンス・アポン・ア・タイムって何？ どこで見ればいいの？

このワンスはシンデレラ城からワールドバザールを直線で結んだラインが一番混雑します。

混雑している週末などはこのラインは通行が困難になるくらいです。

できれば正面で見るのが一番いいのですが、ショーが始まるぎりぎりに近い時間でもなんとなく雰囲気が感じられるのはこの斜め45度の方向です。

正面に投影される映像は崩れますが、比較的遠目からでも楽しめるようになっていますので、雰囲気を感じるのはこれでも十分だと思います。

また城の両サイドにある塔からは、

ショー中に2回大きな炎の柱が上がりますので、この熱を近くで感じられる場所でもあります。

また、このワンスは城への投影だけでなく、パイロ（花火）やサーチライトの効果も大きいので、**全体を観覧したいならば、ウォルトとミッキーの「パートナーズ像」付近**から見るとクライマックスも全体がよく見える特徴があります。

ディズニー雑学

意外な楽しみ方が「裏ワンス」。同ショーの開催中にシンデレラ城の真裏付近で、ときどき上がるパイロやサーチライトの効果を楽しむ方法。城裏はショーの音楽が一切聞こえないが、ショーで使われるパイロは「ミッキーのフィルハーマジック」や「白雪姫と七人のこびと」の建物上から打ち上げられるため、城の裏周辺にいると、実はかなりの迫力がある。

Q 39

ショーの当選確率を上げる方法はないの?

A

他の人がよく当たっている時に抽選をするといいかも

多くのゲストが悲喜こもごもなショーの抽選。残念ながら、当選確率を意図的に上げる方法はありません。ただし、「当選しやすい時間帯」があるので、その流れをある程度読むことは可能です。

というのも、このショーの抽選は過去の入園者数や現在の入場状況などを総合的に予測して、締切の時間内に当選者を配分するシステムを使っています。簡単にいえば、いつでも空席ができないような仕組みになっているのです。

たとえば当選者数が１００人のショーで、抽選締切10分前なのにまだ10人しか当選していない！という場合、残りの10分で90人当選するようになっているのです。この仕組みを利用すれば、当たりが出やすい時間をねらうことも不可能ではありません。

具体的には、「抽選会場内で当たりが比較的多く出ている時間帯に抽選する」というのが有効な方法です。

とはいえ、混雑している時には抽選会場の外にまで列ができている場合もあり、会場が空いている時に観察してみることをおすすめします。

基本的には運である抽選ですが、一つの参考にしてみてください。

ディズニー雑学

この抽選システムは平成16年3月にパーク運営を行うオリエンタルランド社より、「抽選システム及び抽選情報処理装置」という名称で特許申請が出されているが、最終的に特許は取得していない。

Q 40

何時に帰るのがベスト？

A

夜のメインショーが終わった直後がベスト

せっかくパークに来たのだから、やはり夜までゆっくり楽しみたいもの。閉園間際までじっくり遊びたい気持ちもわかりますが、クリスマスなどの人気シーズンなどは、注意しないと大渋滞に巻き込まれてしまいます。

通常時期のパークであれば、20時30分前後に行われるパークの花火が終了するとほとんどのエンターテイメントは終了となります（一部例外もあります）。

一番のおすすめは、この花火や「ワンス・アポン・ア・タイム」などの夜のエンターテイメントが終わった直後の時間にすみやかに退園すること。

また、ランドのエレクトリカルパレードを鑑賞する場合は、できればウエスタンランド周辺で鑑賞し、パレード通過後はアドベンチャーランド（ジャングルクルーズの前周辺）を通ってゲートに向かうと混雑に巻き込まれずに済みます。

イラスト上、●印の付近にある「通路沿い」で場所取りをすると、すぐにその場を出ることができます。

一番悪い例が、これらの夜のメインショーが終わったあとにおみやげを

買ってから帰ろうとするパターン。夜のショーが終わったあとのショップは一番混雑します。

おみやげに関しては、比較的空いている夕方の時間帯に買っておき、車の方は車に、電車やバスの方はコインロッカーに預けておく、などの方法が一番効率的です。

また、遠方の方はもっと早めに買って両パークともエントランス近くにある「宅配センター」から送ってしまうのも賢いですね（詳しくはQ34）。

ディズニー雑学

通常の日はそれほどでもないが、入園制限クラスの大混雑時はできるだけ早めに退園しないと、パークから出るだけでなく、周辺道路の大混雑に巻き込まれることも多い。一方向だけでなく、上下線両方とも車が動かない状況になることも珍しくない。

Q 41

せっかく来たのに雨だったら……

A

雨ならではの楽しみもあります

せっかくのパークなのに、残念ながら雨模様に……。そんな日はどうやって楽しめばいいのでしょうか?

まず雨が降っている場合、楽しめる場所やアトラクションなどが多いのはディズニーランドよりシーであるといえます。

たとえば「マーメイドラグーン」は海の上である「アバブ・ザ・シー」と海中の「アンダー・ザ・シー」の2つのエリアに別れていますが、「アンダー・ザ・シー」は完全屋内で一般的な野球場が入ってしまうほどの広い敷地が広がっています。屋内エリアで、もちろん冷暖房完備。さらに子ども向けのアトラクションなどが多く、散策しながらいろいろ楽しめるエリアや仕掛けが多くあります。

また、シーは屋根があって収容可能人数が多い、シアター形式の施設が人数・内容ともに充実しています。

1 キャラクターグリーティングを楽しむ

雨が降ってしまった場合、屋根がない場所にはキャラクターが基本的に出てこなくなるので、出会える確率が極端に低くなります。そんな日は、ランドの場合は屋根のあるワールドバザール、シーの場合はミラコスタの下付近でキャラクターが整列なしのフリーグリーティングを行ってくれることがあります。

さらに雨の日だけランドのエントランスで行われているミッキーとの整列グリーティングでは、ミッキーが雨ガッパを着た姿で登場することがあります。

2　あえて雨に濡れてしまうアトラクションを楽しむ

雨の日には「ビーバーブラザーズのカヌー探検」や「スタージェット」、「グランドサーキット・レースウェイ」など、屋外のアトラクションはゲストが若干減る傾向があります。決してガラガラではありませんが、待ち時間は短く済むでしょう。

3　雨の日ならではのエンターテイメント

雨の程度によってはショーやパレードが中止になることもあります。

しかし、季節のスペシャルイベントなどには「雨バージョン」も存在し、通常よりもかなり短縮版で、停止なし、ダンサーなし、などで開催されることもあります。

たとえばランドで夜のエレクトリカルパレードが雨で中止になった場合は代わりに「ナイトフォール・グロウ」が開催されます。雨の日だけ開催されるパレードで、通過型の非常に短いものになりますが、雨の日だけの楽しみです。

また、パレードは中止扱いになるのですが、主要キャラがパレードルートにあいさつに来てくれる場合もあります。普段は見られない「雨ガッパ姿」のキャラクターですので、これはこれで貴重です。

その他、シーのアラビアンコースト内「アブーズ・バザール」では、ボールを使ったワゴンゲーム（５００円）があるのですが、この時参加賞としてもらえるバッジに雨の日限定のものがあったりします。

このように、雨ならではの楽しみ方もさまざまです。

ディズニー雑学

雨の日のパークは傘よりも雨ガッパのほうが動きやすい。ただ、屋内やレストランではカッパを脱ぐ必要があるので、濡れたカッパを持ち運ぶ用にビニール袋を持参すると便利（パークのおみやげ袋でも代用可）。

Q 42

ディズニーが苦手な人を連れていくのですが、どうすればいいですか?

A

混雑期は避け、相手の興味に合ったプランを立てましょう

「興味がない」「待ち時間が長すぎる」などの理由で「ディズニーが苦手」という人も決して少なくありません。

まず、ディズニーが苦手な人とパークに行く際は、**確実に混雑が予想されるハロウィーンやクリスマス時期の週末、連休などを避けること**でしょう。

行く日があらかじめ決まっているのならば、レストランの事前予約の「プライオリティ・シーティング」をしておくことや、アトラクションも長時間並ばない、ゆったり

としたプランで予定を組んで行きましょう。

また、アトラクションではなくパークにある「体験型プログラム」をやってみるのも一つの手。ランドであればキャラクターなどの絵を描く「ドローイングクラス」で一緒に絵を描いてみたり、シーであればプロメテウス火山の前の要塞《ようさい》「フォートレス・エクスプロレーション」で簡単な謎解きをしながら探検していく「ザ・レオナルドチャレンジ」などは自分のペースで楽しめます。

パークの魅力を知ってもらうプランを

待ち時間対策以外には、「パークの魅力を知ってもらう」こともあるでしょう。

たとえば、誕生日に近い月にパークに連れて行き、バースデーシールを胸につけておけば、すれ違うキャストの皆さんはその人のためだけにお祝いの言葉をかけてくれます。

また、キャラクターグリーティングもおすすめです。「キャラクターに興味がない」と言う方でも、ミッキーが目の前で手を差し伸べてくれれば思わず笑顔になってしまうものです。ランドの「ミッキーの家とミート・ミッキー」は長い待ち時間になることが多いですが、シーの「ミッキー&フレンズ・グリーティングトレイル」は比較的待ち時間が短く、週末でも40~50分前後でミッキーに会うことができます。

予算的な余裕があれば、ファストパスやショーの鑑賞券、その他さまざまなプランがついた「バケーションパッケージ」を利用するのが一番いい方法。また、Q16で紹介した「ガイドツアー」（有料）を使うという手もあります。

ディズニー雑学

不特定のキャラクターがランダムに登場するのはランドのほうが多いが、ミッキー、ミニー、ドナルド、グーフィーに確実に会えるグリーティング施設は実はランドよりシーのほうが多い。

Q
43
おじいちゃんおばあちゃんと一緒のとき気をつけるべきことは？

A
疲れないように「ゆっくり」「ゆったり」なプランを

年配の方を連れて行く場合は、無理のないプランを組んであげることが重要です。ディズニーランドであれば、「ウエスタンリバー鉄道」、ディズニーシーであれば「トランジットスチーマーライン」のケープコッドから出ている航路はパークを1周しますので、こうした風景や景色をじっくり楽しめるものを選んであげるといいでしょう。

また、座ってゆっくり見られるシアター系アトラクションもタイミングを見ながら入れてあげると休みながら楽しめると思います。

食事については、予定日が決まったらプライオリティ・シーティングでランドなら「れすとらん北斎」、シーなら「レストラン櫻《さくら》」の和食を予約しておくのが無難でしょう。

なお、ランドかシーで言えば、年配の方に合っているのは実在した歴史や地域がモチーフになっているシーのほうだと思います。古きよき時代のアメリカンウォーターフロントの風景は、年配の方にもどこか懐かしい風景なのではないでしょうか。

足腰の悪い方には車イス（300円）や電動カート（2000円）、介助用電動車イス（1000円）の貸し出しもあります。利用の条件は特にありませんので、疲れる前に用意してあげるのもいいかもしれません。

ディズニー雑学

放射状にパークが広がるランドに対して、川や水路が多いシーは対角線への移動がしにくい構造になっており、坂や階段が多いのも特徴。トランジットスチーマーラインは移動にも使えるが、水上ショーなどの開催時の運休に注意。

Q 44

小さい子どもと一緒なんだけど、どこが楽しめる？

A

シーの「マーメイドラグーン」エリアはおすすめ

幅広い年代のゲストが楽しめる配慮がされている東京ディズニーリゾート。しかし、まだベビーカーが必要な小さな子どもの場合はもちろん、幼稚園から小学校低学年くらいのお子さんが楽しめる施設は限られています。

基本的に子ども連れの場合、ハロウィーンやクリスマスの人気時期など、「大混雑日は小さなお子さんを連れて行くのは避ける」ことをおすすめします。

人が多すぎてじっくり楽しめないことに加え、混雑時のベビーカーは移動も大変です。

子ども向けのイメージがある**ランドには「屋内」で「待ち時間なし」、お子さんが安心して自由に遊ぶことができるキッズスペースのような場所が実はありません。**

一方、完全屋内の広い空間があるのがシーのマーメイドラグーン。冷暖房完備で、悪天候や真冬・真夏でも小さな子どもも安心して遊べる場所が多いのが特徴。柔らかい素材でできた小さなキッズエリア（スターフィッシュ・プレイペン）ではまだちゃんと歩けない小さな子でも楽しめます。

その他のおすすめスポットについては、次ページに表でまとめました。

ディズニー雑学

7歳以上の子どもは1人でライドに乗れるが、7歳未満の場合は18歳以上の大人の付き添いが必要。意外に兄弟一緒に乗れない場合も多いので注意を（条件はアトラクションにより異なる）。

Q 44

小さい子どもと一緒なんだけど、どこが楽しめる?

ディズニーランド

トゥーンパーク

地面が柔らかい素材でできた小さい公園。柔らかい素材の動物などに乗って遊べる。

イッツ・ア・スモールワールド

怖い要素は一切なく、明るくにぎやかな雰囲気で安心して乗れる。

ミニーの家

怖い要素はまったくなく、安心。小さい家だが、比較的混みやすい。

ドナルドのボート

自由に散策できるが、かなり狭く、あまり長い時間は遊べない。

シンデレラのフェアリーテイル・ホール

怖い要素はなく、安心してシンデレラ城内部を見られるが、遊べる場所はない。

空飛ぶダンボ

子どもに人気だが、回転率が悪く、かなり長い時間待つ。1時間は待つ覚悟が必要。

プーさんのハニーハント

プーさんの冒険を体験。しかし、待ち時間が長く、意外と暗い場面が多いので怖がる子も。

トゥーンタウン・ダウンタウン

エリアの左奥にある場所。ボタンを押すと音が鳴ったり、受話器を取るとおしゃべりする…… など。

ミッキーの家とミート・ミッキー

ミッキーに会えるが、待ち時間が長い。会う直前の部屋の映像に不気味な場面もあるので注意。

オムニバス

シンデレラ城前プラザをゆっくり1周するバス。パレードの時間や混雑度によって運休になる。

チップとデールのツリーハウス

「登って、降りたら終わり」の小さな施設。階段が急なので注意。

キャッスルカルーセル

いわゆるメリーゴーランド。安心して楽しめる。一番外側の馬だけ親子で同乗可能。

蒸気船マークトウェイン号

ゆっくりと周遊する船。大きな汽笛がときどき鳴るので、上にいるときは注意。

アリスのティーパーティー

中央のハンドルを回転させなければ問題なし。回すと遠心力は意外に大きい。

ディズニーシー

ディズニーシー・トランジットスチーマーライン

美しいシーの風景を見ながらパークを周遊する蒸気船。ショー中には運休になることも。

ヴェネツィアン・ゴンドラ

美しい運河を進むゴンドラ。夜は美しいが子どもには少し怖い雰囲気になるので注意。

タートル・トーク

クラッシュ（亀）とリアルな会話。指名されないと会話は無理だが、それなりに楽しい。

ジャンピン・ジェリーフィッシュ

くらげ型の乗り物がゆっくり上下動するのみ。少し暗いので注意。

ワールプール

いわゆるコーヒーカップだが、自分で回転するのではなく、片側に寄ると遠心力で加速する。

ディズニーシー・エレクトリックレールウェイ

移動にも使える短い電車。左右で異なる風景が美しい。

ビッグシティ・ヴィークル

車でアメリカンウォーターフロントをゆっくり周遊。問題なし。

キャラバンカルーセル

ジーニーもいるメリーゴーランド。珍しい二層式で上部が人気。

シンドバッド・ストーリーブック・ヴォヤッジ

人魚のシーンなどで暗くなる場面もあるので少し注意。

フォートレス・エクスプロレーション

自由に探検と散策ができる。1階部分にある船の積み荷や船の内部で探検も。

Q 45

デートにおすすめのポイントは？

A いい感じのスポットは、圧倒的にシーに多い

デートに適した「落ち着けるスポット」は、ランドよりシーのほうが圧倒的に多いです。パークを楽しむことよりも2人の時間を大事にしたいのならば、お酒もあるシーのほうを断然おすすめします。

そんな中、デートスポットとしてふさわしい場所をいくつかご紹介。「人が少なくて、静かに話ができるスポット」と「2人の密着度が高くなるアトラクション」を紹介します。

ディズニーランド

静かに話ができるスポット

ブルーバイユー・レストラン

「夜のガーデンパーティー」という設定のこのレストランは周囲がかなり暗い状態で、テーブルに置かれたキャンドルの灯りで会話をする雰囲気。暗い店内は川沿いにホタルの光が見えたり、天井にはときどき流れ星が飛んでいく様子も見られます。

夜の「スイスファミリー・ツリーハウス」

混雑時でも比較的静かなこちらのツリーハウスは、夜になると人も非常に少なくなります。隙間から見えるシンデレラ城の夜景やランドの園内の様子を見ながら語り合うことも…。

密着度が高くなるアトラクション

スタージェット

このアトラクションは珍しく「前後に 2 人がくっつく形」になるので、密着度がアップ。夜景がきれいで、タイミングが合えば上から花火やエレクトリカルパレードが見えることも。

ガジェットのゴーコースター

コースターの幅が非常に狭いので必然的に隣同士と密着する形に。

カリブの海賊

常時暗闇の中を進むので、こっそりと手をつなぐことも可能。スタートしてすぐの落下で急接近も。

Q 45

デートにおすすめのポイントは?

ディズニーシー

静かに話ができるスポット

夜のショーが終了したあとの「フォートレス・エクスプロレーション」

ショー開催時には多くの人がいますが、終わったあとは、愛を語らう場所になる傾向が。入り組んだ要塞は、場所を選べばまったく人が来ない時間もあるので、デートには1番おすすめかも。

S.S.コロンビア号のデッキ(甲板)

豪華客船であるこの船はゲストも自由に出入りができます(ショー中は一部規制される通路もあり)。特に夜の時間になると、ここに来るのはカップルばかり。少し遠目ではありますが、花火もよく見えます。

「レストラン櫻」の裏側デッキ
夜のショー、花火が終わったリドアイル(海に突き出た小島)
ケープコッドの灯台の下
S.S.コロンビア号の前の赤い橋を渡り、左側にあるベンチ
ヴェネチアンゴンドラ周辺

密着度が高くなるアトラクション

「スカットルのスクーター」や、「フランダーのフライングフィッシュコースター」はライドの幅が狭く、隣同士が密着する形に。また遠心力が強く、外側に寄る傾向が。

なお、一つ注意したいのはランドやシーの混雑時は何をするにも非常に待ち時間が長くなるということ。長時間立ったままの状態が続くと体力を消耗します。

これが一定以上親しい仲なら「疲れたから休みたい」、「ゆっくり食事がしたい」、「グッズを見たい」などと言えますが、「まだ付き合って日の浅いカップル」や「これから付き合おうとするカップル」など、お互いをまだあまり知らないと言いだしにくいことも多くあり、それがストレスになることもあります。

そんなカップルの場合は、あまり混まない時をねらうのがポイントかもしれません。

ディズニー雑学

高低差があり、坂道の多いシーは移動手段も少なく、川や水が多いので体力を使うことが多い。特に女性はヒールだと疲れやすいのでご注意を。

Q 46

誕生日特典ってない？

A

バースデーシールを貼っておくと小さな特典がもらえることも

残念ながら、パーク内で「誕生日だから受けられる」特別なサービスは基本的にはありません。ただし、誕生日の場合は多くの方がご存知のとおり、キャストに申告するとバースデーシールに名前を書いたものが無料でもらえます。

これを胸などの目立つところに貼っておけば多くのキャストやキャラクターからお祝いの言葉やジェスチャーをしてもらえますので、誕生日の時はできるだけもらっておきましょう。

また、公式なサービスではありませんが、たとえばブッフェ形式のレストランのケーキに、キャストが計らいでろうそくを立ててお祝いしてくれる、というケースもあります（確実に行われるものではありません）。

また、ランドの「アリスのティーパーティー」では、入口でバースデーシールを見せると、回転が始まってから「○○さんお誕生日おめでとうございます」と場内アナウンスをしてくれます。パーク内のアトラクションでは唯一、ちょっとしたサプライズをしてくれます。

ディズニー雑学

「アリスのティーパーティー」は最大毎分45回転。最高速まで回すと約1.3秒に1回転というかなりの速さ。1986年のオープン当時は現在の「プーさんのハニーハント」がある位置にあった。「プーさん～」の建設にともない、オープンから約2年で一時閉鎖されて移設されたという珍しいアトラクション。

Q 47

サプライズに使えるお店やアトラクションが知りたい！

A

ディズニーホテルのアニバーサリープランや、ギフトパスポートなど

お祝いごとや告白などのサプライズ演出ですが、まずアトラクションを利用する場合、他にも多くのゲストがいる状態なので、残念ながらゲスト側の意図ではできません。

ただ、閑散期やゲストが少ない時間帯など、まれにキャストの厚意《こうい》でバースデーシールをつけているゲストに対して「イッツ・ア・スモールワールド」や「カリブの海賊」、「スプラッシュ・マウンテン」などで、そのグループやカップルなどに「船一艘《そう》まるまる貸し切り」にしてくれるサービスをしてくれることもあります。これはもちろん状況によ

りますし、ゲスト側が要求できるサービスではありませんのでご注意を。
その他、ゲスト側の意思でサプライズ演出ができるのは次のとおり。

1　ディズニーホテルのレストランでアニバーサリープラン

ディズニーホテルのレストランではアニバーサリープラン（アニバーサリーケーキやオリジナルフォトフレーム、記念品など）の事前申し込みができるサービスがあります。

ディズニーホテル宿泊の場合は予約をしたあと直接ホテルに連絡すると、さらにサプライズ的な対応（花束・ケーキなど）をしてくれる場合もあります。

2　パークで売っているケーキを「誕生日ケーキ」に

残念ながらパーク内では「誕生日ケーキ」という名目のケーキ販売はありません。しかしながら、ランドのファンタジーランドの「クイーン・オブ・ハートのバンケットホール」では「アンバースデーケーキ（誕生日ではないケーキ）」という、ミニサイズのホールケーキがレギュラー商品として販売されています。

通常はプレートに「Happy Unbirthday」と書いてあるのですが、実はキャストに頼むと、これを「Happy Birthday」のプレートに変えてもらえるサービスがあります。

頼むタイミングがちょっと難しいですが、なかなか使えるサービスです。

3 ガラス製品にこっそり名入れしてもらい、あとからサプライズ

シンデレラの下にあるショップ「ガラスの靴」、もしくはディズニーシーではアラビアンコーストのショップ「アグラバーマーケットプレイス」では販売しているガラス製品（グラス、フォトフレームなど）に文字などを入れてくれるサービスがあります。

なかなかタイミングが難しいですが、休憩中などに「ちょっとトイレに……」「ファストパス取ってくるから……」などと急いでショップに行き、相手の名前やメッセージを注文しておいて、あとから同じようにこっそり受け取ってプレゼントするのもおすす

めです。空いていれば5分程度で名入れも可能です（受け取りは当日中に限ります）。

4　ギフトパスポートで券面にメッセージを入れる

こちらは当日ではなく、事前にインターネット販売限定ですが、パスポートに文字を印字できる「ギフトパスポート」というものがあります。

文字入れは無料で通常価格と同じです。メッセージは定型文ですが、「Happiest Birthday!」や、「結婚のお祝いに 結婚おめでとう」などの他、卒業祝い、バレンタイン&ホワイトデー、お母さん&お父さんへの感謝、敬老祝い、七五三など、約15種類の中から選ぶことができます。

「パスポートは私が買っておくから……」と言って、事前に購入、当日渡すのもちょっとしたサプライズになりますね（相手に事前に郵送も可能）。

5　バースデーパスポートを事前に購入。相手に事前に郵送することも可能

ギフトパスポートと違って料金が高くなりますが、記念メダル、メッセージカード、オリジナルグッズがついた「バースデーパスポート」というものがあります。

こちらも窓口販売はなく、インターネット限定。パスポートは自分が買っておくからと言って、事前に購入、グッズは当日パーク内で受け取りますのでこちらもサプライズになります。3歳以下のお子さんはパスポート不要ですが、大人の方を同パスポートにして、グッズなどをお子さんに渡すことも可能です。

ディズニー雑学

サプライズでプレゼントや告白、プロポーズする場合はショーなどの時間に注意。特にシンデレラ城前はショー前に立ち入りが制限されたり、パレードやショーが開始すると音楽が大きな音量で流れる。相手の気持ちを読むのも大事だが、事前のスケジュール確認も忘れずに！

Q 48

プロポーズに適した場所は？

A

ランドなら定番のシンデレラ城前、シーならフォートレス・エクスプロレーションの上など

プロポーズの定番としては、やはりシンデレラ城の前。ディズニーランドのシンボルであり、まわりにゲストも多いので注目されることはまず間違いありません。

続いて意外と多いのが、ランドに入ってすぐ、ワールドバザールの中央部分。人通りが多く、多くの人に見守られながらのプロポーズができます。

逆に、「静かな場所でスマートにプロポーズ」をしたいのであれば、シーがおすすめ。定番はパークに入って真正面にプロメテウス火山が見える位置ですが、穴場としては

火山の前の要塞《ようさい》「フォートレス・エクスプロレーション」を登ったところ。Q45のデートスポットの項目でも紹介しましたが、特に夜のショーが終わったあとの空いている時間帯は人も非常に少なくおすすめです。

プロポーズの時間としては、20時半くらいの、花火が上がる直前の時間帯、もしくはあえてその花火が上がるタイミングに合わせる……という演出はいかがでしょうか。花火が終わり、多くのゲストが退園しはじめる21時頃もいいタイミングかもしれませんね（ただし、ランドの場合は「ワンス・アポン・ア・タイム」の時間に注意）。

ディズニー雑学

パーク内プロポーズは周囲で祝福してくれるゲストも多く、成功すれば忘れられない素敵な思い出になるが、その様子はまわりのゲストが撮影↓ネット上に拡散されるので、その覚悟も必要（もちろん相手もそうなる）。また、くれぐれもまわりの迷惑にならない範囲で……。

Q 49

一人ディズニーってあり？

A

ありです。おすすめはシーの「アメリカンウォーターフロント」エリア

「おひとりさまディズニー」は最近、かなり増えてきています。

自分の食べたいものを食べ、行きたい場所に行き、好きな時間を過ごせるのがおひとり様のメリット。自分の思うまま、じっくりゆっくりパークの魅力を再発見できます。

1人で来園するゲストが増えていることを受け、パーク側もそれを理解した対応をしてくれています。たとえばショーを待っている時やトイレの時、キャストに声をかければ短時間なら荷物だけを置いて、席を外すことができます（ただし、長時間放置は撤去

される場合もあります)。

おすすめは、やはりディズニーシー。中でも「アメリカンウォーターフロント」は港の風景を見ながら、何も考えずにボーっと過ごせるのでおすすめです。

S・S・コロンビア号から眺める港の風景、レストラン櫻《さくら》の裏側でハドソンリバーを眺めるベンチ、港の桟橋《さんばし》奥にある静かな小屋など、特に目的を定めず、散策をしながら風景の写真を撮ったり、普段はあまりじっくり見ない建物の看板や細かなこだわりを探してみたり、いろいろなワゴンフードを少しずつ食べてみたり……なかなか楽しい体験ができると思います。

ディズニー雑学

年間パスポート所持者は、特にシーでは1人で気軽にお酒をたしなんだり、食事だけで来る方も多い。年齢性別ともに幅広く、世の中の認知以上に1人で来ているゲストは多い。

Q 50

掃除をしている人に「何を拾っているんですか？」と聞いたらどうなる？

A

キャストによって答え方が異なります

「何を拾っているんですか？」と聞いたら、「夢のかけらを集めているんです」と答えてくれる。これは都市伝説的に語られている話の一つとも言えますが、あくまでもキャストさんのアドリブや厚意《こうい》に関する部分なので、実は「必ずそう答えるように決められているわけではない」のです。

それぞれのキャストの判断で夢を壊さないような答え方があり、「夢のかけらを……」と答えてくれるキャストもいるかもしれませんが、「星を集めているんです」と答える方や、「夢は砕《くだ》けないのでかけらにはなりません」と言われる方、「思い出のかけらを……」などと表現される方もいます。

また、ポップコーンなどの食べ物を落とすと「早くしないとチップとデールが食べに来ちゃうんです!」なんていうパターンもあるようです。

こんなさまざまなこだわりも楽しいですね。掃除中のキャストさんの邪魔にならない程度にちょっと聞いてみるのもいいかもしれません。

ディズニー雑学

カストーディアルキャストはごみを拾う時やこぼしてしまったジュースなどを拭《ふ》く時も決してしゃがまない。これはよそ見をしているゲストが気づかずにぶつかってしまうことをふせぐための配慮。

Q 51

「水で絵を描く」キャストは何者？どこで会える？

A
雨上がりで、水たまりがあるところ

パーク内で清掃を担当するキャストは「カストーディアルキャスト」と呼ばれます。彼らが雨上がりの地面にほうき（トイブルーム）で水たまりの水を使って描くディズニーキャラクターなどの絵。これは「カストーディアルアート」と呼ばれ、キャスト全員が描けるわけではなく、認定会で資格を得たキャストだけが許されています。

このアートが登場するタイミングは、基本的には「雨上がりで地面が乾きはじめた時」なのですが、どこに出るということは明確に決まっているわけではありません。また、集めた落ち葉などでミッキーの形が描かれたりすることもあります。

この他、さまざまな「効果音」を出したり、ゲストを交えた面白いパフォーマンスをしてくれるのは「ファンカストーディアル」。こちらも不定期にさまざまな場所に登場します。人だかりができている場合は注目してみてください。

彼らは「サウンドスーツ」と呼ばれるものを体に装着して、音はスピーカー（ゴミ箱）から出しています（ゴミ箱がないパターンもあります）。ただ、これはマジックグッズに類するものなので具体的な仕組みや音の出し方については購入者以外、知ることができません。……いずれにせよ、出会えたらラッキーなお楽しみでしょう。

ディズニー雑学

ファンカストーディアルのパフォーマンスは季節や場所によって異なることが多く、非常に多くのバリエーションが存在する。近くで見ているゲストを巻き込んで行うことが多いので、見るならぜひ最前列で。

Q 52

アメリカと日本のパークの違いは？日本にしかないものってある？

A

結構ある。シーにいたってはほぼ日本オリジナル

ディズニーのテーマパークはアメリカのフロリダでつくられ、さまざまな国で展開されています。フロリダのウォルト・ディズニー・ワールド・リゾートはとにかく大規模で、一方の東京はきめ細かなサービスやおみやげの種類の多さなどが大きな違いです。

アトラクション全体の傾向としては「東京ディズニーランドはアメリカにすでにあるアトラクションが多い」のに対し、「シーに関してはほとんどが東京のオリジナル」です。

たとえば東京ディズニーランドでは、「モンスターズ・インク」や「プーさんのハニー

ハント」、「シンデレラのフェアリーテイル・ホール」が完全オリジナルです。シーの中でも、「タワー・オブ・テラー」は海外パークではアメリカのテレビドラマ「トワイライトゾーン」をモチーフとしており、このドラマは舞台がハリウッドです。一方、ディズニーシーの舞台はニューヨークなので、同じ設定にしてしまうと地理的な矛盾があります。そこで、日本では完全オリジナルの物語になっています。

パーク内のショーやパレードもランド・シーともにほぼ日本オリジナルです。

ディズニー雑学

ランドにある「白雪姫と七人のこびと」は、東京では英語表記で「Snow White's Adventures（白雪姫の冒険）」だが、米ディズニーランドなどでの題名は「Snow White's Scary Adventures（白雪姫の恐ろしい冒険）」となっており、もともとホラー要素の強いアトラクション。しかしながら日本では物語のイメージに合わせてタイトルが変えられている。

Q 53

VIPだけが入れるクラブがあるって本当？

A 「CLUB33」というラウンジがある

ディズニーランド内には、パークを運営するオリエンタルランドの役員やスポンサー、取引先の重要人物などが会合を行うためにつくられた「CLUB33（クラブサーティースリー）」というラウンジがあります。ゲストにはアルコールが提供されないディズニーランドですが、唯一ここではアルコールが提供されています。

ただ、こちらはその存在自体が非公開となっているため、ガイドブックには掲載されていないのはもちろん、利用者であっても内部写真の公開などは禁止されています。

場所はワールドバザールに入って左側に曲がり、「マジックショップ」と「三井住友銀行ATM」の間にある、「33」と書かれた入口です。通常は施錠されていて、予約した人だけが専用のインターフォンを使って入室します。1階はクロークで、エレベーターか階段で2階に上がります。豪華な調度品で飾られたラウンジがあり、奥はダイニングエリアで、フレンチのコースが味わえます。

また、「CLUB33」のロゴが入った財布や時計、さらにはこのラウンジのコスチュームを着たレアなミッキー&ミニーのぬいぐるみなども販売されています。

ディズニー雑学

CLUB33は窓際でも常にカーテンが降りており、外から内部を見ることはできないが、夜のショーやパレードの時には一時的にカーテンが開けられ、わずかだが内部が見える。非公開の場所であるため、部屋の照明を落としてからカーテンが開けられるという徹底した配慮がされている。

Q 54 芸能人専用の通路って本当にあるの？

A 専用ではないが、特別な通路はある

「芸能人は専用通路を使うのでディズニーで待たない」などのうわさ話がよくありますが、結論から言うとそうしたものはありません。

ただし、「専用」ではありませんが、たとえばテレビの撮影などで使う場合、特別な通路を通ってアトラクション乗り場に行くケースはあります。また、アトラクションに乗れない小さなお子さんがいる家族用に「交代乗車」という制度を利用した場合もその通路を通ることがあります。

さらに、主要アトラクションには大手メーカーがオフィシャルスポンサーとしてついており、専用ラウンジからこの通路を通って乗り場に行くケースもあります。

基本的にほとんどのアトラクションにこうした通路が存在します。しかし、通路の詳細については当然のことながら公開されているものではありません。

管理用の通路と併用されていることも多いので、その出入口は意外とゲストの見える位置にあることもあります。待ち時間に探してみるのも面白いかもしれませんね。

ディズニー雑学

アトラクションに並んでいる途中に緊急に一時的に抜けなくてはならない場合などがあると、キャストに相談すると戻ってきた時に元の位置近くまで誘導してくれることもある。どうしても抜けなくてはならない状態になった場合は近くのキャストに相談を。

Q 55 ダッフィーって何者？

A シーで2004年に誕生したオリジナルキャラ

ディズニーシーの大人気キャラクター「ダッフィー」と「シェリーメイ」。彼らはもともといたキャラクターではなく、突如《とつじょ》としてディズニーリゾートにあらわれました。ダッフィーが登場した当初（2004年冬）、名前はダッフィーではなく、「ディズニーベア」でした。また、登場した時のストーリーも現在とはまったく別の形でした。

＜BEFORE　2004年当時のストーリー＞

「ある日ミッキーはふと思いました。もしもこのテディベアと一緒に歩けたらどんなにたのしいだろう、と。そこにティンカーベルが舞い降りてきました。ミッキーの願いを聞いたティンカーベルが魔法の粉をふりかけるとあたり一面が光りきらめきテディベアをつつみこみました。するとなんと不思議なことでしょう。テディベアは目をぱちくりさせてにっこりとほほえんだのです。ミッキーは嬉しさのあまりテディベアを抱きしめるとテディベアの顔はミッキーのかたちになりました。東京ディズニーリゾートの新しい仲間はディズニーベアとよばれてとても親しまれています」

＜AFTER　現在のストーリー＞

「ミッキーが長い航海に出る前の夜ミニーは、ミッキーがひとりぼっちでさみしくならないようにとミッキーのためにテディベアを作りました。『ありがとう ミニー！』ミッキーはミニーが心を込めて作ったプレゼントをとてもよろこびました。ミッキーはダッフルバッグに入れられていたこのテディベアを『ダッフィー』と呼ぶことにしました。

ミッキーは世界中どこにでもダッフィーを連れて出かけます。ダッフィーはどんな時もミッキーを明るく楽しい気分にしてくれます」

この変更後、爆発的な人気になり、2010年に登場した女の子のシェリーメイとともにショーやエンターテイメントにも出演することが増えました。さらに、2014年には猫の「ジェラトーニ」を加え、関連商品も大ヒットとなっています。

ディズニー雑学

「ダッフィー」と「シェリーメイ」は毛の色やまつげの有無、目の色などの違いがあるが、お尻にあるミッキーのマークが左右逆になっている。一方、ジェラトーニにはミッキーのマークは入っていない。

Q56
隠れミッキーってどれくらいいるの？

A ▼ 200近くはいると思われます

パークにはゲストを楽しませてくれるさまざまな工夫がありますが、その中で有名なのが「隠れミッキー」。文字どおりパークのあちこちに隠れているミッキーの形やマークのことを指します。

この隠れミッキーは、一般的には「丸が3つ」のミッキーを正面から見た形のものが多いのですが、中には「全身」の隠れミッキーや「横顔」の他、「文字であらわされたミッキー」、「特定の位置から見た場合だけ隠れミッキーになる」、「ミッキーの誕生日である

11月18日の数字であらわされている」……などという、ちょっとマニアックな隠れミッキーも存在します。

また、誰もが目にするような簡単な場所に存在するものもあれば、望遠レンズで見ないとわからない場所にあったり、柵から身を乗り出さないと見えない……などというものもあります。パーク内の隠れミッキーはものすごく数がたくさんあり、インターネットで「隠れミッキー」を検索すれば膨大《ぼうだい》な数の画像や詳しい場所の紹介が出てきますので、ここでは「ちょっとマニアック」で、「見つけるのが難しいもの」や「珍しいもの」を紹介します（次ページの表）。

ちなみにこの隠れミッキー、面白いのはパーク公式なものでありながら、どれが正式な隠れミッキーであるかという「明確な定義」が存在しないこと。

キャストが教えてくれたものは公式である、という考え方もありますが、この基準をあえて曖昧《あいまい》にし、ゲストが自分で見つけたり、想像力を働かせて、そうなのかもしれない！……と思わせることで、パークの体験価値が高くなるような配慮がされているのです。

Q 56

隠れミッキーってどれくらいいるの？

ディズニーランド

1. トゥーンタウン内の「ミッキーの家」を出るとき、最後に通る倉庫の左側上部に飾られている釣竿の取っ手部分には1cm程度の小さな隠れミッキーが
2. シンデレラ城の前、丸を3つ合わせたような模様の柵が、日差しが当たると太陽の光がミッキーの形になることがある
3. 「モンスターズ・インク」のドーム状の建物の天井に書かれたアフリカの地図のドアの取っ手がミッキーの形に
4. 「ハングリーベア・レストラン」の周辺にあるカレーが煮込まれている鍋の絵の左側、鍋の中にミッキーが（色違いポスターの2種類、両方にある）
5. 「ミッキーの家」で会える大演奏会バージョンのミッキーの部屋の後ろにある楽譜の一部がミッキーに。ランダムに出会えるミッキーなので、チャンスがなかなか難しい

ディズニーシー

1. プロメテウス火山の前の要塞部分、南側の高い塔に掲げられている小さな旗のようなものは「国際信号旗」で、旗一枚でアルファベット一文字を意味しており、それぞれM・I・C・K・E・Yを意味している
2. 「セイリングデイ・ブッフェ」のダイニングエリアの上にある木箱には「1118」と書いてあるが、これはミッキーの誕生日（11月18日）をあらわしており、珍しい数字の隠れミッキー
3. ホテルミラコスタの入口近くにあるピクニックエリアの壁には、石でつくられた「完全なミッキーの顔の形」の非常に珍しい隠れミッキーがある
4. 入園してパークに向かう途中、左側にあるショップ、「ガッレリーア・ディズニー」の上にある看板は小さくて目立たないが、よく見るとミッキーとミニーの横顔が向かい合って描かれている
5. 「マクダックス・デパートメントストア」のハーバー側の正面入り口の真下にあるタイルの模様が1か所だけミッキーの横顔になっている

各テーマエリアに数個は必ずありますので、季節イベントのパレードのフロートや限定的なデコレーションの中の隠れミッキーや、そう思われるもの、両パークやリゾートラインなどもすべて合わせれば、リゾート全体で200個近くはあると思います。

この隠れミッキーはインターネットで探して予習して行くのも楽しいですし、そうした情報をまったく調べずに自分で探すのもなかなか面白いと思います。

ディズニー雑学

「パーク最小の隠れミッキー」はシーのアクアトピアのポスターの「噴水のしずくにあるミッキー」で、最大のものは2014年9月に終了した「レジェンド・オブ・ミシカ」の水上スキーがつくる形といわれているが、公式な発表ではない。隠れミッキーは減ったり増えたりしていくので定義づけが難しい。

Q 57

ミッキー以外にも隠れキャラがいるって聞いたけど……

A

グーフィー、ドナルド、アリエル、ジーニーなどいろいろいます

パーク内には「隠れミッキー」だけでなく、実は他の隠れキャラクターも多く存在します。細かく載せるとキリがないので、ここでは見つけやすく、わかりやすい隠れキャラをご紹介します。

ディズニーランド

1. ミッキーの家の自動演奏オルガンの流れるミッキーマークの1つだけグーフィーに
2. スモールワールド最後の部屋、右側で回転しているおかっぱ頭の女の子の手にはピノキオの人形が
3. ホーンテッドマンション、図書室左側にあるイスの模様がドナルドに
4. プーさんのハニーハント出口、クリストファー・ロビンのおもちゃが並んでいるところの積み木の文字が「POOH」や「OWL(ふくろう)」など、登場キャラクターの名前に
5. ロジャーラビットのカートゥーンスピン、入口入ってすぐ右側にあるナンバープレートは、「CAP 10 HK」=キャプテンフック、「3 LIL PGS」=3 匹のこぶた 、「1D N PTR」=ウエンディ&ピーターパン…… などになっている

ディズニーシー

1. マーメイドラグーンシアター入口前にある旗の切り抜かれた形がアリエルの横顔に
2. タートル・トークの船に入って正面奥にある船の断面図下にはパンをかじるグーフィーが
3. マジックランプシアターの劇場に入る前の部屋の壺にはジーニーが
4. シンドバッド・ストーリーブック・ヴォヤッジの最後、左側にトラのチャンドゥが、寝ている隣の絵の中にジャスミンとアラジンが
5. ケープコッドの「アーント・ペグズ・ヴィレッジストア」の店舗の奥にある郵便受けの名前には「D.Duck」(ドナルドダック)が、そして差出人の名前が「MICKEY MOUSE」になっている小包がある

ディズニー雑学

イタリアの港街が舞台のシーのメディテレーニアンハーバーではイタリア語に隠れたキャラクターの地名がある。パークに入って海の前に広がる広場は「ピアッツア・トポリーノ（Piazza Topolino）」という名で、トポリーノはイタリア語で「ミッキー」の意味。他にも「CALLE PIPPO（グーフィー小道）」、「VIA PAPERINO（ドナルドダック通り）」、「VIA GRILLO SAGGIO（ジミニークリケット通り）」、「PASSAGGIO MINNI（ミニー通り）」が存在する。

Q 58

年間パスポートは、どんな人が買うべき？

A

時間に縛られずにパークを楽しみたい方におすすめ

ディズニーリゾートには年間パス、スターライトパス、アフター6など、さまざまな入場券がありますが、年間パスポートは一度購入すればいつでも自由に出入りできます。ランドとシー、どちらも行ける共通パスポートは8万6000円。ランドだけ、シーだけ、の年間パスポートは5万9000円です。

料金だけで考えれば、共通パスポートの場合は年間13回、単パスポートの場合は9回行けば元が取れることになります。たとえばスペシャルイベントは季節に合わせて年間約4回行われますが、このイベントごとに1回行けば充分、という人にとってはワンデーパスポートを買ったほうが安いのは確実です。

ただ、年間パスポートの最大の魅力は「時間に縛られずにパークを楽しめる」こと。好きな時間に行って好きな時間に帰る、食べたいものだけ食べて帰る、好きなショーだけ見て帰る、特に目的もなくやってきて写真だけ撮って帰る……など、時間に縛られない分行動に余裕が生まれ、パークの魅力を存分に感じられます。

パークに気軽に来られる距離に住んでいるかが重要ですが、こうした時間に縛られない楽しみ方は年間パスポートならではです。

ディズニー雑学

単パークパスポートは入園制限がかかっても入園できるが、2パーク共通年間パスポートは制限がかかったパークには入園できない。そのためマニアは共通1枚ではなく、単パークパスポートを1枚ずつ持っていることも多い。

Q 59

アフター6パスポートで入ったときの楽しみ方は？

A

割高なので、効率重視か、ゆったり楽しむか決めておくことが大事

夕方6時以降からのチケット「アフター6パスポート」を利用する際は、「効率重視」でアトラクションやショーを楽しむのか、「ゆったりしながら楽しむ」のかを同行者と決めておくことが大事なポイントです。

効率重視ならば、夕食をパーク内で食べると1～2時間取られてしまうので、入園前に夕食を済ませておくのがおすすめ。舞浜駅近くのイクスピアリで先に夕食を済ませたり、車ならコンビニで何か買って車内で済ませておいたりするのもいいでしょう。

Q 59

アフター6パスポートで入ったときの楽しみ方は？

食事の時間を節約したとしても、「アトラクションに乗る」などの大きな目的は多くても2～3個ほど、場合によっては一つしか達成できないこともあります。乗りたいアトラクションの混雑状況を事前に調べて計画しておくとよいでしょう。

一方、ゆっくりパークを堪能《たんのう》する場合はシーがおすすめです。理由はなんといってもアルコール販売があること。美しい風景を見ながらビールやワインを片手にゆっくり過ごす贅沢《ぜいたく》なひととき。冬にはホットワインなどの温かいアルコールもあり、温かいお酒を飲みながら空気の澄《す》んだ海辺の美しい風景を眺めるのも大人の楽しみ方です。

ディズニー雑学

アフター6パスポートは年齢区分なく一律4200円。大人ワンデーパスの料金は6900円なので若干お得感があるが、小人（幼児・小学生：4～11歳）は1日券のワンデーパスが4500円なので、300円しか変わらず、実はかなり割高になる。

Q 60

チケットを安く手に入れる方法ってないの？

A

あるにはあるが、値段はほとんど変わらない

ディズニーリゾートの入場券にはいくつか種類がありますが、いずれも決して安いものではありません。少しでも安く買える方法はないのでしょうか？

これは、あるにはあります。しかしながら、仮に安く買えたとしても、実質的には100～200円程度しか安くならない場合が多く、基本的に「誰でもできる、かなり安くなる購入方法」は残念ながらほぼ存在しないと考えていいでしょう。

唯一、マジックキングダムの割引率は高いですが、会社などの福利厚生の制度なので

Q 60

チケットを安く手に入れる方法ってないの?

	メリット	デメリット
ファンダフル会員割引	一度に複数割引が可能 人数が多ければ得に	当日現地でしか購入できない 会員の年会費がかかる
オークション	必要な分を検索しやすい 稀に掘り出し特価のものも	手間や郵送代がかかる 使用済が出されるリスクも
金券ショップ	他の金券類で購入できる店も	販売数が少ない・ほぼない
マジックキングダム	補助券などと併用すると 1500円近く安くなることも	会社などの福利厚生なので 限られた人しか使えない

利用できる人は限られています。

近年はパスポートがバーコード読み取り式になったことでチケットが使用済か未使用なのか見た目だけでは判別できなくなり、金券ショップなどでの扱いも激減しました。そのため、安く購入できる場所が少なくなっているのが現状です。

ディズニー雑学

直接割引価格になるわけではないが、オフィシャルホテルなどの「パスポート付き宿泊プラン」を利用すると、実質的にパスポートが割引価格で購入できることになる。チェックイン前にも受け取れるのでうまく利用すれば便利。

Q 61

泊まるならどのホテルがおすすめ？

A

パークを楽しむならディズニー、自由に動きたいならオフィシャル

ディズニーリゾートには、いくつかのホテルがありますが、大きく「ディズニーホテル」「オフィシャルホテル」に分けられています（千葉県内、東京都内にある「グッドネイバーホテル」はここでは省略します）。

ディズニーホテルは「ミラコスタ」「アンバサダー」「ランドホテル」の3つ、オフィシャルホテルは「ヒルトン」「ホテルオークラ」など6つのホテルがあります。

それぞれのホテルはさまざまな特徴がありますが、もしもディズニーを楽しみつくしたいのであれば、「バケーションパッケージ」でディズニーホテルを利用するとファストパスやショー鑑賞券もついてくるのでおすすめです。

しかしながら、宿泊費に加えて遠方からの交通費を考えると、海外旅行に行けるくらいの金額になってしまうことも……。

では、どんなポイントを考えると「間違いないホテル選び」ができるのか、ここではいくつか紹介していきましょう。

1 遊びつくすか、まったり遊ぶか

最大のポイントは、「開園から閉園までパークを楽しみたい」のか、「ホテル滞在も豪華にじっくり楽しみたい」のかを決めておくことです。

パークを存分に楽しみたいのなら、ホテル滞在時間は短くなるので、安価なプランでもよいでしょう。逆に、ホテルでもゆっくり楽しみたいという場合や、小さなお子さんや年配の方がいるという場合は、ホテルのサービスや設備重視という考え方もできます。

2　アーリー入園するかどうか

ディズニーホテルとオフィシャルホテルの最大の違いは、ディズニーホテルには15分前にパークに入園できる「アーリーエントリー」の特典があることです。

ディズニーを満喫したい人には嬉しい特典ですが、一方で「朝はホテルでゆっくりしたい」、「そんなに早くからは入園しない」という方には意味がありません。

しかも、ディズニーホテル宿泊者の多くは、このアーリーに間に合わせるために朝食を予約することが多いのですが、みんな同じことを考えるため、かなり前から予約が埋まっていることも。それなら、同じ価格帯でレストランもそれほど混まず、朝食もついてくるオフィシャルホテルの利用のほうが賢い……という考え方もあります。

3　「パークに近い」は本当にメリット？

「ミラコスタ」や「ディズニーランドホテル」はパークに隣接しているので、疲れたら部屋に戻って一休みができます。たとえば「次のファストパス」の時間までホテルでゆっくりできる……と思いきや、実際にはあまり効果的でないことも多いです。

というのも、ホテルとパークの距離は近くても、意外と部屋までの距離は長く、時間がかかることが多いのです。近年はアトラクションのファストパスのリターンタイム（券面に記された乗車対象時間）が厳しくなり、その時間を考えると実はあまりゆっくりできないということも覚えておきましょう。

4 食事をどうするか

最後のポイントとしては食事です。

すでにバケーションパッケージやプライオリティ・シーティングで予約がある場合は別ですが、ディズニーホテルは部屋だけ予約しても、食事は別に予約が必要です。ところが前述したように、ディズニーホテルでは、食事の「いい時間帯」は予約開始日から早い時点でたいてい埋まっていることが多いのです。

そのため、食事時間が極端に早い、もしくは遅くなってしまう場合も多く、その時間に合わせてスケジュールも調整しなければならないケースもあります。

一方、オフィシャルホテルの食事は、予約しなければならないレストランは少なく、好きなタイミングで行っても比較的すぐ入れるという傾向があります。

プランをかっちり決めていない場合や小さなお子さんやご高齢の方がいる場合などを考えると、「臨機応変に動きやすいのはオフィシャルホテル」とも言えます。

ディズニー雑学

高そうに思えるディズニーホテルだが、「基本的に部屋ルームチャージの料金」となっており、人数が増えれば1人あたりが安くなるという特徴が。また、オフィシャルホテルでは料金変動制を取っている場合が多く、予約する日によって料金が変わることがある。複数の旅行サイトを比較、チェックしてみるとかなり安価なプランが見つかることも。

Q 62

お泊まりディズニーを楽しむポイントは？

A ▼ 適度な休憩と、「パーク満喫」or「ゆったり」を決めておくこと

宿泊してディズニーを楽しむ「お泊まりディズニー」。せっかくの特別なシチュエーションを楽しむためのポイントをここではいくつか紹介しましょう。

1　疲れたら仮眠を取る

お泊まりディズニーの最大のポイントは、帰りの時間を気にせず、閉園間際までパー

クの雰囲気を感じられることです。チェックインの時間になったら一度ホテルに行き、仮眠や休憩をして、身軽になった形で再度パークへ、というのがおすすめです。

途中に長めの休憩を挟むと、最後まで存分に遊ぶことができます。

2　泊まった翌日はゆっくりホテルライフを満喫

Q61でもふれたように、お泊まりディズニーの場合は同行者とよく相談して、「パーク満喫型」か「ホテル滞在重視型」なのかを決めておくことが大事。特に後者の場合、いっそ宿泊翌日の朝はホテルライフをじっくり楽しむのも手。

チェックアウト直前までゆっくりし、ホテル内を散策したりしながら、イクスピアリでショッピングを楽しんだあとに、「スターライト（土日祝日の15時～）」や、「アフター6パスポート（18時～）」でパークを楽しむのもよいでしょう。

3　意外に安いオフィシャルホテルのルームサービス

特にディズニーホテルでは食事にもそれなりのお金が必要です。朝食でも1人あたり3000円前後、ディナーの場合、飲み物なども加えるとビュッフェでも7000〜8000円、コースなら1万円前後は必要と考えたほうがいいでしょう。

一方、オフィシャルホテルでは安価なルームサービスやナイトビュッフェを開催するところが増えてきています。「ファミリー向けセット」や「お弁当のルームサービス」を行うホテルもあり、1人1000〜2000円弱で食事ができることも。

特に春休み、夏休みシーズンにはこうしたプランが用意されていることが多いです。

ディズニー雑学

パークは22時までの営業が多いが、イクスピアリやパーク外ショップの「ボン・ヴォヤージュ」は23時まで、ランドホテル内のコンビニ「ルッキンググラス・ギフト」は24時間営業中。おみやげや食事はこちらも活用してパークをぎりぎりまで楽しむのも一つの手。

Q 63

ディズニーホテルではどのホテルがおすすめ？

A

予算的に許されるならやはりミラコスタ

3つあるディズニーホテルの中で、それぞれのホテルはどのように違うのでしょうか？　どのホテルに泊まるべきなのでしょうか？　ここでは、その違いについて見てみましょう。

まず、単純に予算があるならば、ミラコスタ（約500室）、アンバサダー（約500室）、ランドホテル（約700室）の順でおすすめです。

ホテルのクオリティーやランクの面ではミラコスタ→アンバサダー→ディズニーラ

ディズニーホテルのメリット・デメリット

	メリット	デメリット
ミラコスタ	・パーク一体型で行き来が便利 ・海側ならショーが見られる部屋も ・高級感があり上品	・値段が高い ・海側の予約がなかなか取れない ・部屋からの風景が極端
アンバサダー	・落ち着いた雰囲気 ・イクスピアリに隣接で便利 ・多彩なキャラクタールーム	・パーク隣接ではない ・部屋からの風景が地味 ・レストランが小さい
ランドホテル	・ランド近接で行き来に便利 ・24 時間営業コンビニ完備 ・4人で泊まれば意外に安い	・部屋と人が多く、落ち着かない ・部屋からの風景が現実的 ・レストランが少ない

※筆者の感想です。

ンドホテルの順番になっています。

ミラコスタは唯一のパーク一体型ホテルとして便利さと高級感があり、アンバサダーは両パークから少し離れた場所ですが、逆にそれが落ち着いた上品な雰囲気があり、イクスピアリに隣接しているのでショッピングなどが楽しめる利点もあります。また、ランドホテルはランドに近く、24時間営業のコンビニがあるなど、リーズナブルで便利なのが利点です。

反面、実際に利用してみると細かな違いもあります。上の表は筆者が実際に宿泊して感じたメリットとデメリットを並べてみたものです。

簡単にまとめるならば、「パークに近くて高級な雰囲気を楽しみたいならばミラコスタ」、「落ち着いたホテルとショッピングなど、いろいろ楽しみたいならばアンバサダー」、「ディズニーランドの雰囲気をホテルの中でも味わいたいのならばランドホテル」といったところでしょうか。

パークで楽しむ目的をどこに置くかによっても選ぶべきホテルは変わってきます。Q65ではオフィシャルホテルについてもふれていますのでこちらもご参考に。

ディズニー雑学

ホテルにはバケーションパッケージなどのさまざまなプランがあるが、人気のミラコスタの海側やカテゴリーが上の部屋はネット予約では扱いがない、または極端に少ない。電話はなかなかつながりにくいが、総合予約センターでの予約はいろいろ相談にも乗ってくれるので慣れない方はこちらがおすすめ。

Q 64

クリスマスにミラコスタに泊まりたい！ どうすれば？

A

正攻法では難しいので、ねらいめは「予約キャンセル」

季節イベントの中でも特に人気の高いクリスマスシーズン。この時期は平日でも満室になることが多いホテルがミラコスタです。クリスマスやイブだけでなく、クリスマスシーズンは予約開始とともにほぼ満室状態が続きます。

この時期の予約は超激戦であり、予約は受付開始の半年前の受付開始時刻と同時に電話が予約センターに着信しないと予約が取れないほどの人気です。

大げさな表現ではなく、受付が9時スタートだとすると、9時2~3分にはもう部屋が満室になってしまうくらいの勢いです。

この受付の開始時刻にぴったり電話をかけること、なおかつ予約に必要な事項をすばやく伝えられるように準備をしておかないと、予約はほぼ不可能だと考えていいと思います。この予約には代行業者も存在するくらい難易度が高いのです。

予約する際には、できるだけ多くの電話を使って複数から挑戦するのがベストですが、そう簡単にはいきません。代行業者を使う方法が確率は高いですが、本来は本人からの電話でないと予約はできないものなので、これもあまりおすすめはできません。

そこでねらうのは「キャンセル待ち」。

ディズニーホテルは予約日の2週間前になるとキャンセル料金が発生するため、この2週間前になる前にキャンセルをするゲストが多いのです。

そのため、別のホテルや部屋を予約しておいて、ぎりぎりまでキャンセルをねらうのもいい方法です。

また、オンライン予約サイトもまめにチェックしていると急にキャンセルが発生することがあり、思わずいい部屋が空くこともあります。そう簡単には予約ができないミラコスタ。こうした手段を使うのも有効な方法です。

ディズニー雑学

予約が取りにくいディズニーホテルだが、空きがあれば実は当日宿泊も可能。下記番号に直接問い合わせを。下4桁がホテルの建設順になっているのも面白い。

アンバサダーホテル　047-305-1111
ホテルミラコスタ　047-305-2222
ディズニーランドホテル　047-305-3333

Q 65

オフィシャルホテルではどこがおすすめ？

A

表をつくってみたので、見比べてみてください

個性的な6つの東京ディズニーリゾートオフィシャルホテル。見た目の特徴ももちろんですが、それぞれのホテルに個性的な特徴があります。筆者はこれまですべてのオフィシャルホテルに宿泊したことがあるので、それらの経験をふまえて各ホテルの特徴を抜き出してみました。

ホテル選びの参考にしてみてください。

Q 65

オフィシャルホテルではどこがおすすめ?

	特徴	メリット	デメリット
サンルート プラザ東京	カジュアルで気軽に使いやすいホテル	安価で使いやすい。ランドへの直通バス有り。多彩な部屋カテゴリー	全体的に部屋が狭い・小さいものが多い
東京ベイ舞浜ホテル	コンパクトな設計で利用しやすいホテル	細かなサービスと従業員の対応がかなりいい。ベッドはくっついたハリウッドスタイル	ホテル内で楽しめる施設が少なく滞在型には不向きか
東京ベイ舞浜ホテルクラブリゾート	屋内アトリウムなどリゾート感あるホテル	レストラン・ショップなどの関係施設がロビーに集約され、わかりやすい	部屋や施設の個性・特徴がない
ヒルトン 東京ベイ	国際ブランドらしく、落ち着いた雰囲気のホテル	全体的に上品な雰囲気と洗練されたイメージ	パークから遠く、窓も開かないので、リゾートの雰囲気を感じにくい
ホテルオークラ東京ベイ	大人向けの静かで落ち着いたホテル	静かな雰囲気で穏やかな滞在向け。無料のクラブに事前入会しておくとお得が多い	館内施設が小規模。滞在してゆっくり楽しめる施設が少ない
シェラトン・グランデ・トーキョーベイ・ホテル	ホテル内施設が充実した大型リゾートホテル	多くの施設はチェックアウト後も利用可能。夏のガーデンプールはリゾート感満点	大規模であるがゆえに移動距離が長い。朝食は混んで並ぶことも

※筆者の独自の見解です。

ディズニー雑学

意外に知られていないが、シェラトンは「添い寝の子どもが17歳までＯＫ」。部屋数も多く、こだわりがなければ比較的予約しやすい。家族でホテルを探している人には非常にありがたい。

Q 66

ディズニー付近の観光スポットは？

A パーク後の温泉やヘリクルージングは格別

都心からわずかの距離にある東京ディズニーリゾート。遠方から来られる方は東京都の観光と合わせて計画を立てる方も多いと思います。

「東京スカイツリー」や「浅草」などの定番観光スポットは皆さんすでにご存知だと思いますが、ここでは「パークの近くにある、意外と知られていない観光スポット」を紹介しましょう。

【葛西臨海公園】

パークの最寄り駅、ＪＲ舞浜駅の一つ隣にある「葛西臨海公園」。ここは東京都が所有する巨大な自然公園。本格的な水族館や大観覧車を備えた自然公園です。

水族館や観覧車は有料ですが、公園の利用自体は無料です。観覧車に乗ると遠目ではありますが、東京ディズニーリゾートを上空から眺めることもできます。

特にパークが混雑して入園制限で入れなくなってしまった場合などは一つ隣の駅なのでパークに車を停めてこの臨海公園で制限解除まで楽しむのもいい方法です。

【舞浜ユーラシア】（ホテルで日帰り温泉入浴）

１日パークで遊んだあとはかなり疲れるもの。家に帰ってからお風呂というのもちょっとめんどう……そんな方におすすめなのは「舞浜ユーラシア」というスパ＆ホテルの日帰り入浴です。

ここはディズニーシーの臨時立体駐車場（第7パーキング）のすぐ隣のホテルで、「天然温泉」です。パークにかなり近い位置なのですが、オフィシャルホテルでもパートナーズホテルでもないため、意外に知られていません。

屋上の展望台からはパーク全体がよく見えるため、花火も見ることができます。

もちろん宿泊もおすすめなのですが、部屋を取らなくても仮眠スペースでの簡易宿泊も可能です。舞浜駅の北口から送迎バスも出ています。

【エクセル航空】（ヘリコプタークルージング）

ディズニーシーの臨時立体駐車場（第7パーキング）のすぐ隣にある民間のヘリポート。「エクセル航空」という会社で、ヘリコプタークルージングが楽しめる隠れたおすすめスポットです。

かなり高額なイメージのあるヘリコプタークルーズですが、約15分のクルーズで大人1人2万数千円でデイクルーズ、もしくはナイトクルーズが楽しめます。

決して安くはないですが、上空からのランドやシーの風景は非常に貴重な経験で、特にナイトクルーズは本当に素晴らしい景色です。

プロポーズや誕生日などの記念日サプライズのプランも用意されており、さっきまで楽しんでいたパークを見ながらプロポーズ……などのロマンチックな演出も可能です。

定番観光スポットもいいですが、ちょっと変わったこんな観光もいかがでしょうか。

ディズニー雑学

ディズニーリゾートの近くをヘリコプターがよく飛んでいるが、これはこのエクセル航空のヘリ。臨時第7パーキングやシーの立体駐車場屋上からは発着するヘリの姿がよく見える。プレゼント用のギフトチケットもある。

エクセル航空：http://www.excel-air.com/

巻末特典

Disney's ZATSUGAKU

待ち時間すら楽しくなってくる ディズニー雑学

本書の最後に、ディズニーリゾートをより楽しんでいただくための「雑学集」をお届けします。

もちろん知らなくてもパークは楽しむことができますが、知っておくともっとディズニーが面白くなる、好きになる、そんな情報を紹介していきます。

好きなところだけを読んでいただいてももちろんいいですし、実際にパークに足に運んだとき、待ち時間などに簡単にお読みいただけたら幸いです。

ディズニーランド編
land

●パークのまわりが木でおおわれているのは外界の風景を遮断するだけでなく、潮風や冬の風をふせぐ目的もある。

●パレードルートのスピーカーは60か所以上。センサーが埋め込まれており、フロートとセンサーが連動し、音楽はコンピューター制御されている。

●パーク内に掲げられている星条旗はその時代を示しているため、場所によって旗の星の数が異なる。

●シンデレラ城は遠近法でつくられており、タイルや石垣が上に行くほど小さくなっている。

ワールドバザール

●街並みは高さを演出するため、1階を100％とすると、2階は約70％、3階は30％ほどの高さにつくられている。

●お菓子のショップ「ワールドバザール・コンフェクショナリー」はもともと銀行だったという物語。壁に貼られた役員の名前が「SUGARMAN」や「CANDYDISH」など、お菓子に関する名前になっている。

●「タウンセンター・ファッション」と「ディズニーギャラリー」の2階ウインドウにはパークの誘致と発展に尽力した高橋政知《まさとも》氏と加賀見《かがみ》俊夫《としお》氏の名前が刻まれている。

●新聞スタンドを模した「メインストリート・デイリー」は朝刊と夕刊を売るように、朝と夜で販売する商品が変わる。

●パーク最大のショップ「グランドエンポーリアム」は、ミッキーがオーナー。ウインドウにはグランドオープンの時の新聞やレジスターがある。

アドベンチャーランド

●「スイスファミリー・ツリーハウス」に入って少し進むと、左側には落とし穴があり、中からはときどき虎の鳴き声が聞こえる。

●「カリブの海賊」内にある約130体のオーディオアニマトロニクスは、1秒に24コマの動きが可能。最高で1000種類の動きが可能なものもある。

●「カリブの海賊」で人身売買がされている場面、右岸は動物も含めて全部「男（オス）」だが、左岸は「女（メス）」になっている。

●「カリブの海賊」のボートはすべて女性の名前。これは海賊はボートに彼女や妻の名をつける風習があったから。

●「ウエスタンリバー鉄道」で太古のトンネルに入ってすぐ左側にある木箱に書かれた「バクスター」は「ビッグサンダー・マウンテン」や「スプラッシュ・マウンテン」などを手がけた実在の人物の名前。

●「ウエスタンリバー鉄道」や「蒸気船マークトウェイン号」から見えるインディアンは夏と冬で服装が変わる。

●「ジャングルクルーズ」のスタンバイ列の途中にある黒板には船長たちのランチメニューが書かれている。月曜の「巨大なクワガタの煮込み（チキンに少し似ている味）」から始まり、火曜は「3本指トカゲのバーベキュー（チキン風）」…… とゲテモノが続き、金曜にようやく「チキン（本物！）」を食べられたというオチ。

●「クリスタルパレス・レストラン」は1851年にイギリスで開催された第一回世界博覧会の水晶宮《すいしょうきゅう》がモチーフ。

ウエスタンランド

●ディズニーランドの中で最大のテーマランド。

●ウエスタンランドの街灯は他のエリアに比べて位置が低い。これは「ランプ型が多いため、人の手で着火したから」という設定があるため。

●「カントリーベア・シアター」建物に入り、左側にある熊時計は15分に1回、ハトではなく、熊が出てくる。

●「カントリーベア・シアター」のホールにある絵は熊たちが世界を旅したもので横浜と日光に来た様子もある。

●同アトラクション正面にある建物は「イライアスホテル」。これはウォルト・ディズニーの父、イライアス・ディズニーの名前から。

●「ビッグサンダー・マウンテン」の後半、恐竜の骨をくぐるが、左側奥の「ウエスタンリバー鉄道」の線路沿いには恐竜の卵の化石が置かれている。

●「ビッグサンダー・マウンテン」の入口とコース途中にはスチームトラクターという乗り物が1台ずつある。このトラクターは蒸気で動き、実際に食料などを運搬するために使われていた貴重なもの。

●同アトラクションの裏側には「セドナ・サム」という老人がいる。セドナが金の採掘中に落盤《らくばん》、助けてくれたのが愛犬の「ディガー（鉱夫の意味の「digger」から）」。「ウエスタンリバー鉄道」か「蒸気船マークトウェイン号」からしか見えず、夏と冬で服装が変わる。

●「トムソーヤいかだ」のいかだの名前は「トムソーヤの冒険」の登場人物の名前。

クリッターカントリー

●地面にある動物の足跡をたどっていくと家にたどり着くことも。

●お昼と夕飯の食事時には、「グランマ・サラのキッチン」外にある煙突から煙が出る。

●「グランマ・サラのキッチン」１階レジ後方には柱に挟まってグラグラ動く石がある。このレストランをつくったビーバーブラザーズの腕前が当時は未熟だったから。

●その後、建築の腕前を上げたビーバーブラザーズは数々の賞をもらい、そのトロフィーなどが１階奥の棚に飾られている。

●「ビーバーブラザーズのカヌー探検」出発場所にある小屋が「ビーバーブラザーズ建設会社」の事務所。

●「スプラッシュ・マウンテン」は以前は「チカピンヒル」と呼ばれていた丘。

●「チカピンヒル（chick a pin hill）」は「にわとりの頭のような丘」の意味があり、実際のアトラクションもそのように見える。

Pick Up!

クリッターカントリー

スプラッシュ・マウンテン

●主人公のうさぎどんが笑いの国を求めて旅立つ物語。出発してすぐの彼の家には英語で「GONE FOR GOOD（もう帰りません）」と書いてある。しかし、旅から戻った姿が見られるアトラクション後半、家の中は「HOME SWEET HOME（我が家が1番）」というメッセージに変わっている。

●世界のディズニーパークのスプラッシュ・マウンテンの中では最長。他のライド系アトラクションが3～4分の中、約10分楽しめる。コース全長は約850メートル、高さ約30.3メートルで、こちらも世界のディズニーパークの中で最も高い。

●その昔「チカピンヒル」と呼ばれていたこの場所で酒の密造をしていた慌《あわ》てもののアライぐまのラケッティーが、誤って蒸留器を大爆発させてしまい、川の流れが変わってできたのがこのスプラッシュ・マウンテン。

●隣のレストラン、「グランマ・サラのキッチン」のレジ右横から2階に上がる階段の途中左側には「爆発前のスプラッシュ・マウンテンの様子が描かれた絵」が飾られている。

●蒸留器を爆発させたラケッティーは現在、密造酒の製造をやめ、アトラクション出口右側にある「ラケッティのラクーンサルーン」で軽食やソフトドリンクを販売している。

●爆発した蒸留装置は、実はアトラクションの最後、乗り場に到着する直前の左側に置かれている。意外に小さいので注意していないとわからない。

ファンタジーランド

●メリーゴーランド型のアトラクション「キャッスルカルーセル」は夜に浮かび上がる雰囲気を演出するため、あえてまわりに街灯がなく、暗くなるようにしている。
●「キャッスルカルーセル」の上部には18枚のシンデレラの物語が描かれている。
●「アリスのティーパーティー」は海外パークでは「マッド・ティーパーティー」や「マッドハッター・ティーカップ」という名称だが、日本人になじみやすいアリスの名前が使われている。
●「白雪姫と七人のこびと」のゲストが乗るトロッコにはこびとの名前がついている。
●「ホーンテッドマンション」の最後、上にいる女性は「急いで。仲間になる決心がついたら死亡証明書を持ってきて」と言っている。
●「イッツ・ア・スモールワールド」で、アメリカの子どもは最後に一度登場するだけ（元は「ニューヨーク世界博覧会」向けにつくられたものなので、ホスト国のアメリカが遠慮した形）。
●「ミッキーのフィルハーマジック」のアトラクションに入ってすぐの部屋の壁に書かれている楽譜は「ミッキーマウスマーチ」と「魔法使いの弟子」。
●「ピノキオの冒険旅行」の近くにいるリンゴを持ったピノキオの銅像と、物語の悪者である「キツネのファウルフェローとネコのギデオンの木彫り」はつながっており、ピノキオが初めて学校に行く映画のシーンが再現されている。

Pick Up!

ファンタジーランド

ホーンテッドマンション

●ゲストが乗る乗り物「ドゥームバギー（Doom Buggy）」は不気味な黒色で、ゲストを後ろからおおい隠すような形になっている。これは視野を前方だけに限定させ、孤独感を持たせるため。

●キャストのコスチュームや、動くライドの歩道、建物一番上にある風見鶏《かざみどり》などにはコウモリが使われている。

●その国のゴーストや幽霊に対するイメージを大事にし、各国で音楽や内容が異なる。米ディズニーパークでこのアトラクションのBGMは「高め」だが、日本では「低め」になっている。

●使われている音楽は「グリム・グリニング・ゴースト（Grim Grinning Ghosts）」。館内各所で使われているが、アレンジされているので同じ曲だとは気づきにくい。「Grim Grinning Ghosts」は「恐ろしいニヤニヤ笑う幽霊」という意味。

●建物入口にいるのは2匹の「グリフォン」。グリフォンとは、鷲《ワシ》（または鷹《タカ》）の翼と上半身にライオンの下半身をもつ伝説上の生物。このグリフォンは「欲に目の眩《くら》んだ人間の処罰」や七つの大罪の一つである「傲慢《ごうまん》」を象徴する動物。

●入口前にある待ち時間表示はオープン直後や空いている時は不吉な数字の「13分」になっていることがある。過去には4（死）分になっていたこともあった。

●建物向かって右側にあるサンルームには、夜になるとときどき人魂《ひとだま》が写る。

トゥーンタウン

●「チップとデールのツリーハウス」の下でつくっているピーナツバターは「ヒューイ・デューイ・ルーイのグッドタイム・カフェ」にも提供されている（黒板に書かれている）。
●「ミッキーの家とミート・ミッキー」のリビングにある3本の鍵は海外ディズニーランドの鍵。ミッキーが自由に世界のパークを行き来できるようになっている。
●「ミニーの家」のドレッサーの鏡を見ると、自分の目がハート型になる。その下に置かれた香水は実際に匂いがついている。
●「ミニーの家」キッチンの中で、沸騰すると音が出るポットはよく聞くと「ミッキーマウスマーチ」になっている。
●トゥーンタウンの消防署はいつも花火工場が火事を起こして間に合わないので隣に引っ越してきたというエピソードがある。
●「ロジャーラビットのカートゥーンスピン」左脇にある保険会社が倒産してしまったのもこの花火工場のせい。
●「ドナルドのボート」は、ドナルドの故郷「ダックバーグ」から、船体に風船をくくりつけて飛んできたという物語がある。提案してくれたデイジーが船の名前になっている。
●カメラショップの上にはビックバッドウルフが経営する「建物解体会社」が、その隣には3匹のこぶたが経営する「建設会社」がある。
●エリアの左奥のダウンタウンエリアにはバンソウコウやひもで直されている時計屋や、バンソウコウやドリルの看板の歯医者など、面白い看板がある。トゥーンタウンはこのような小ネタが多い。

Pick Up!

トゥーンタウン

プーさんのハニーハント

●アトラクション正面の大きな絵本に書かれている英語のスペルが本来は「HONEY」なのに「HUNNY」と間違っている。これは、プーさんの世界はクリストファー・ロビンがつくり上げたから。幼い彼はまだ正確なスペルが書けないという設定。

●乗車する「ハニーポット」は「3台でワンセット」になっているが、真ん中のライドだけは、アトラクション後半に登場する「ハチミツポットの大砲」が当たらない。

●プーさんの物語はイギリス作家、アラン・アレクサンダー・ミルン（A・A・ミルン）が書いたもので、クリストファー・ロビンは彼の息子がモデル。

●プーさんは動物ではなく、クリストファーが持っていたぬいぐるみ。そのため、濡れるのを嫌って自分から川や池には入らない。

●赤いシャツがトレードマークのプーさんだが、実は原作の中ではこのシャツは着ていない。

●アトラクションの途中には、プーさんが夢の中で星空に浮いていくシーンがあるが、この場面、プーさんに向かって右側には「おもちゃの鉄砲」が置いてあり、これで戦おうとしていたという可愛らしい一面が見られる。

●アトラクション降車後、ショップに入らずに左側の通路に進むと、クリストファー・ロビンの机やおもちゃが置かれている。その中の積み木の文字を見ると、登場キャラクターの名前が。

トゥモローランド

●未来の世界であるトゥモローランドは植栽《しょくさい》も角ばった近未来的なデザインになっている。

●「パン・ギャラクティック・ピザ・ポート」はイタリア系宇宙人のトニー・ソラローニが店長。店内で動いているのはピザ製造マシンPZ-5000。同店の2階テラスにある大きなタワーは太陽熱の集積タワー。ここで集めたエネルギーをPZ-5000に送っている。

●「グランドサーキット・レースウェイ」スタンバイエリアに置かれているオレンジと赤の車はレースの優勝車。

●「グランドサーキット・レースウェイ」の全長は約700mと意外に長いが、レースカーの時速は12km程度と自転車より遅い。

●チュロスを販売している「ライトバイト・サテライト」は宇宙から発信された光線を受信して、チュロスをつくっているというストーリーがある。

●「バズ・ライトイヤーのアストロブラスター」はライドの進行方向に対して「左側」にターゲットが多いので子どもや女性はこちら側のほうが楽しめる。

●「スペース・マウンテン」は右カーブが多く、左側の座席のほうが遠心力が大きくなるので「スリルを楽しみたいなら左側」、「苦手なら右側」の座席に。

●「スター・ツアーズ」の中で見られる不思議な文字は、映画「スター・ウォーズ」の「オーラベッシュ（銀河標準語）」という言語。実はすべてアルファベットに対応しており、解読可能。

Pick Up!

トゥートゥモローランド

モンスターズ・インク“ライド&ゴーシーク!”

●映画の「その後」の世界を描いており、主人公の女の子ブーがモンスターシティに遊びにきて、かくれんぼするというもの。英語の「Hide and Seek(かくれんぼ)」をもじったアトラクション名。

●建物入口の上に書かれている文字は、映画の中では「WE SCARE BECAUSE WE CARE」(私たちは悲鳴を求めています)だったが、「IT'S LAUGHTER WE'RE AFTER」(私たちは皆様の笑いを求めています)となっている。

●アトラクションの終わり際に写真が撮影されるが、カメラはブーの寝室前でマイクとサリー、ブーが抱き合っている場面のあと、進行方向左にある書類が積まれたダンボールの中にある。

●写真は購入できるものではなく、乗り物を降りて間もなく左側のモニターにわずかに数秒写るだけなので、ライドを下車したらすぐにスマホやカメラの用意をしておくとモニターを撮影できる。隣のショップ「モンスターズ・インク・カンパニーストア」の中央上のモニターにも写るのでチャンスは2回。

●ファストパスを渡して進む際、右か左の列かを選べるが、右側のほうがカーブの内側になり、人数が少ないので早く進む。

●アトラクションの最後にゲストの1人がモンスターのロズに話しかけられる場面があるが、「帽子」や「カチューシャ」、「メガネ」などをしていると指名されやすい。

●アトラクションに登場するオレンジ色の小さなモンスター「ロッキー」は東京ディズニーランドだけのオリジナルキャラクター。

ディズニーシー編

SEA

●シーの面積は47.8ヘクタール。建設時の総投資額は約3380億円。

●水のエリアが多いシーは全体の約5分の1が海や川になっている。

●エントランスにある地球儀「アクアスフィア」の近くにある街灯は「星」の形をしており、宇宙をイメージしている。

●アクアスフィアは高さ10m、直径8m、重さ2.5トンある。周囲の地面の丸いマークは「月の満ち欠け」を表現している。

●プロメテウス火山のプロメテウスはギリシア神話に登場する火の神。

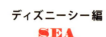

メディテレーニアンハーバー

●メディテレーニアンハーバーの海周囲は1901年が舞台。イタリア北西部リヴィエラ地方の港町ポルトフィーノがモチーフ。

●海のまわりの街灯は本物の雰囲気を出すためイタリアの街灯器具専門メーカーの商品が多く使われている。

●ホテルミラコスタの外壁は「トロンプ・ルイユ」（フランス語で「眼をだます」という意味）の「だまし絵」が多く使われており、「本物の窓」と「描かれた窓」が混在している。

●「カフェ・ポルトフィーノ」は、もともとは魚網《ぎょあみ》や帆の修理屋の隣にあったタヴェルナ（食堂）が繁盛し、隣も食堂として開放したという物語がある。

●「カフェ・ポルトフィーノ」の右奥のエリアには「ザンビーニ・ブラザーズ・リストランテ」の三兄弟がつくったワインが置かれている。

●「イル・ポスティーノ・ステーショナリー」の中にある私書箱にはザンビーニ・ブラザーズの名前がある。

●「イル・ポスティーノ・ステーショナリー」店内の棚の上には「マンマ・ビスコッティーズ・ベーカリー」のオーナー、ビスコッティ夫人宛ての小包がある。

●「ヴェネツィアン・ゴンドラ」がある運河の建物の縮尺は、実在するものとほぼ同じ。

●レストラン「マゼランズ」の中にある直径4m地球儀は大航海時代の地図なので現在とは地形が異なる。

アメリカンウォーターフロント

●「レストラン櫻《さくら》」は元魚市場で、オーナーは日系人のチャーリー田中。レジの後ろには田中氏の写真がある。額に入れられた1ドル札は彼が最初に稼いだお金。

●「ニューヨーク・デリ」のトレイには実際にパーク内の街並みにあるショップや店舗の名前などが書かれている。

●ブロードウェイの街並みにときどき流れる音楽や歌は練習中。そのため、音がはずれることも。

●街並みの一角には「高級毛皮店」と「剥製《はくせい》屋」に並んで、「野生動物保護団体」が並んでいるジョークが。

●港の船の近くにある木箱や荷物はアトラクション「インディ・ジョーンズ・アドベンチャー」で発掘中のインディ博士から送られたものが多くある。

●港の荷物の中には「マーカスブロディ教授宛て」と書かれた荷物があるが、彼は映画の中で国立博物館に勤務していた人物。

●「エレクトリックレールウェイ」駅舎下にあるカエルの絵が描かれた風邪薬の広告には「プリンスチャーミング咳止めドロップ」とシンデレラの王子の名前が書かれている。

●「リバティ・ランディング・ダイナー」は船の修理場だが、奥さんの料理が評判になった店。店舗上には「妻は食事を売っているけど、私はまだ後ろで修理しています！」と書いてある。

●「トイ・ストーリー・マニア！」では、風船の場面で火山から出ている溶岩の風船を全部撃つと噴火するなど隠れターゲットが。

Pick Up!

アメリカンウォーターフロント

タワー・オブ・テラー

●強欲で自己顕示欲の強いハイタワー三世が呪いの偶像「シリキ・ウトゥンドゥ」を手に入れるが呪いを信じず、肉体を失い永遠に落下の恐怖を繰り返すことに。彼の失踪から13年が過ぎ、ベアトリスという女性が主宰《しゅさい》する「ニューヨーク市保存協会」がホテルツアーを実施、ゲストはそのツアーに参加する。

●アトラクションの物語に登場する人物は全部で13人、ハイタワー三世の失踪から13年後にホテルツアーが再開、ホテルロビーにある絵は13年間の冒険の絵……など、13の数字があちこちに。

●アトラクションの高さは59m。両パーク通じて一番高い建造物（ランドのシンデレラ城とシーのプロメテウス火山は51m）。

●この59mには理由があり、60m以上の高さになると、航空法にもとづいて航空障害灯（赤くチカチカするランプなど）を設置しなければならないため。

●ファストパス発券機がある場所は、ホテルが閉鎖される前の「ホテルを訪れた宿泊ゲストの馬車の待機場所」。また、ファストパスは、このホテルツアーの無料チケットという設定があり、発券機の脇にはチケット会社の名前が入っている。

●このチケット管理会社は「トイ・ストーリー・マニア！」の発券機と同じ（という物語）。

●キャストは「ニューヨーク市保存協会」の職員という設定。ゲストをホテルツアーに案内する協会の人で、ゲストが偶像の呪いで落下することや、ハイタワーの声や姿を見ていることを知らない。

ポートディスカバリー

●ポートディスカバリーは単に未来の世界ではなく、「100年前の人々が思い浮かべた未来の港」という設定。

●「ディスカバリーギフト」の上の風車は、実は発電機でエリア一体の電力を発電している。

●「エレクトリックレールウェイ」乗り場前に流れる水から湯気が出ているのは、風力発電の影響でお湯になっているから。

●「ストームライダー」の前の海には、2～3分に1回、海中から出た「泡」が海の方向に向かって移動していくが、これはすでに潜航している潜水艇が出航していくという凝《こ》った演出。

●「ホライズンベイ・レストラン」の入口上にあるのは潜水艇レースで優勝した船。名前は「MOLA8」（MOLA＝マンボウ）。

●「ホライズンベイ・レストラン」はヨットハーバーを改修してつくられたレストラン。中に入って正面にあるのは潜水艇レースの優勝カップ。MOLA8の名前もちゃんと刻まれている。

●「アクアトピア」は、科学者たちが新しい航海システムの開発のためにつくった研究施設。特別に施設を体験させてもらえるというアトラクション。

●「アクアトピア」は実験用プールなので、途中に間欠泉《かんけつせん》や渦巻《うずま》き、滝などのさまざまな気象条件が設置されている。

●「スカイウォッチャー・スーヴェニア」は右半分がきれいで、左半分が汚れたり剥《は》がれたりしている。これは、ストームに半分まで襲われたところで「ストームライダー」が嵐を消滅させたため。

Pick Up!

ポートディスカバリー

ストームライダー

●史上最大のストームが接近している中、気象コントロールセンター(Center of Weather Control)が開発した「ストームディフューザー」でストームを消滅させるミッションに参加するという物語。

●アトラクション前のプレショー含めて、所要時間は約14分。ストームライダーに乗車している時間は約5分30秒。

●1回で122名の乗車が可能で、そのライドが2台。回転率がいいので待ち時間は全体的に短め。平日は10分程度、週末でも30分程度で乗れることが多い。ファストパスは無理に取らなくてもいいアトラクション。

●飛行機の操縦訓練に使われる「フライトシュミレーター」を発展させたアトラクション。前方スクリーンだけでなく、横にある丸い窓にも正面の映像と連動した映像が流れる。

●アクアトピアの乗り場正面から右側方向を見た奥にある円形のベンチのような場所。周囲をポールで囲まれた円形状の上部からは、夜になると上空に向かって「光のスジ」が見える。これは、ストームライダーが夜間飛行から帰ってくる時の目印となる夜間誘導灯。

●アトラクションに入る時、入口で左右の乗り場に分かれ、自分でどちらに入るかを選択できるが、向かって「右」の扉を選ぶと出口が近い。

●ライドに乗車し、出発して間もなく、空を飛んでいる巨大な船があるが、この船体には「TDS01」という言葉が。これは東京ディズニーシーのグランドオープン2001年を指している。

ミステリアスアイランド

●ミステリアスアイランドは海図に載っていない南太平洋のとある場所。どこの国にも属していない。
●同エリアで研究を続けるネモ船長。「ネモ（Nemo）」とはラテン語で「誰でもない」という意味。人に会うことを好まず、その時間も研究に費やした彼らしい名前。
●舞台は1873年で、「海底2万マイル」の下のスタンバイ列の奥にあるネモ船長の書斎には同年のカレンダーが貼られている。
●プロメテウス火山はときどき噴火するが、噴火している時にミステリアスアイランドのトンネル内の照明が不安定にチカチカする演出がされている。
●「センター・オブ・ジ・アース」の地底に降りる「テラベーター」はマグマの熱で動いており、入口近くにあるドリルマシンは排ガスの出ない「ネモニウム」というエネルギーで動いている。
●火山下部分にある網目のフェンスは柔らかい溶岩の破片（スパター）をふせぐためのもの。岩石が網目に食い込んでいるのは最初は柔らかかったことをあらわしている。
●地面に書かれている大きな「N」のマークはネモ船長のフライングマシーン「アルバトロス号」の着陸場所。タイヤの跡《あと》や機体から落ちたオイルの跡らしきものがある。
●停泊している潜水艦ノーチラス号は艦内で自給自足できる。自ら発電して推進力を得られる画期的な潜水艦。

Pick Up!

ミステリアスアイランド

センター・オブ・ジ・アース

●「海底二万マイル」と同じく、フランスの小説家ジュール・ヴェルヌの作品である「地底旅行」がモチーフ。

●ゲストは洞窟のような入口から中に入って行くが、この穴は入口後ろ、上にぶら下がっているドリルマシンが掘ったという物語。ちゃんとドリルの穴の形になっている。

●巨大なキノコの森などを進むが、途中で火山活動が発生し、大きな振動によって探検ツアーは予定外の通路へ行ってしまう。もともと進む予定だった道もちゃんと描かれている。

●最後の急降下の最高速度は瞬間的に75kmにも達し、東京ディズニーリゾートのアトラクションの中では最も速い。

●クライマックスで登場する溶岩の怪物は「ラーバモンスター(Lava Monster)」。ラーバとは溶岩のことで、ゲストが乗る地底探検車が迷い込んだ場所に卵を産んだのはこの怪物。

●よく見ると、このラーバモンスターの左下には、破壊された地底探検車が落ちており、溶岩に沈みかけている。

●テラベーターが地底のベース・ステーションに到着した直後には、テラベーターの屋根部分に「上から落ちて来た砂や小石が当たる」という音の演出が。

●テラベーターの内部、出入口上部にはメーターのようなものがあるが、これは気圧の変化を利用した深度計。搬器の動きにあわせて目盛もゆっくりと動いていく細かい演出がある。

ロストリバーデルタ

●ロストリバーデルタのBGMにもなっている虫や動物の声は昼と夜で変わる。

●ロストリバーデルタには「エアープランツ」という、他の樹木や岩などに着生して、空気中のわずかな水分を吸収して成長する植物がある。インディ周辺の高い樹木で見ることができる。

●「ユカタン・ベースキャンプ・グリル」の左側エリア奥にある、石で塞《ふさ》がれた入口は実は若さの泉への入口。しかし、この通路を使っている時に不吉なことが次々起こり、塞がれてしまった。

●インディ博士の調査を支援する団体、「ペンシルバニア州立アンドリュー大学」（Andrews University of Pennsylvania）の名前があちこちに書かれている。

●「ユカタン・ベースキャンプ・グリル」のトレイには「OF ANDREWS UNIVERSITY」（このトレイはアンドリュー大学の所有物）と書かれている。

●「レイジングスピリッツ」の周辺には「タワー・オブ・テラー」の主人公、ハイタワー三世の荷物が置かれている。反対にタワー・オブ・テラーには、ハイタワー三世がレイジングスピリッツを訪れた時の絵や写真が飾られている。

●「ミッキー&フレンズ・グリーティングトレイル」のミニーのテント奥にあるテーブル上にある絵はランドの「ミニーの家」。さらにこれをよく見ると、「絵」ではなく、ミニーが刺繍《ししゅう》したもの。その道具が下に置いてある。

アラビアンコースト

●ディズニー映画「アラジン」のランプの魔人ジーニーの魔法によって出現したエリア。

● 13 世紀の王宮や市場が再現。市場の壁は激しい砂嵐や太陽の熱で剥《は》げ落ちている部分が多く見られる。

●「カスバ・フードコート」は王室の部屋、宮殿の客間、庶民の部屋、庶民の家の庭の 4 つの部屋がある。

●市場のエリアにあるかまどには夜になると赤い魔人があらわれる。その脇の壁は剥がれ落ちた壁が世界地図の模様になっている。もちろん日本の形も。

●「ジャスミンのフライングカーペット」はライド系アトラクションには珍しく乗車中も撮影が可能。

●「王宮の中央にある噴水」や「市場にある泉」のデザインの一部にあるトラはジャスミンのペットのラジャー。

●「シンドバッド・ストーリーブック・ヴォヤッジ」はオーディオアニマトロニクスが 160 体以上登場する。シンドバッドの船は最後に引退記念セールで売られている。

●「シンドバッド・ストーリーブック・ヴォヤッジ」最後、左側には地図が立てかけてあるが、よく見ると、ほぼ中央に魔法のじゅうたんに乗ったアラジンとジャスミンの姿がある。

●「マジックランプシアター」の建物に入る前のタペストリーや、シアター前のエリアの天井や坪にはジーニーがたくさん隠れている。

参考文献
『Door of Dream オーロラストーン伝説 東京ディズニーランド超ガイド』1996 年 講談社
『ディズニーリゾート物語』第 1 号（2002 年 9 月）～第 30 号（2003 年 11 月） 講談社

みっこ

ディズニーランド、ディズニーシー、ホテルなど、ディズニーリゾートに関する知識や楽しみ方を紹介するブログ「TDRな生活」を10年以上更新し続ける。これまでに約4500本以上の記事を執筆。一般的なディズニーブログとは違い、ショーやパレードよりも細かな雑学を多く紹介し、客観的な視点の記事を持ち味としている。

ディズニーリゾートに通い始めたきっかけは、「エリアごとにゴミ箱のデザインが違うこと」に感動したこと。以来、年間パスポートで通うこと十数年、パーク内の細かなこだわりに魅せられる。ディズニーホテルやオフィシャルホテルにも合わせて50回以上の宿泊経験がある。

上述の「TDRな生活」の他、個人ブログ「TDRハック」への参加、2014 年 8 月からは、株式会社ぴあが運営する「D*MANIA」でもライターとして執筆を行う。女性誌やテレビ番組への取材協力なども多数。普段はいたって普通の社会人である。

TDR な生活
http://blog.livedoor.jp/wininter001/

Twitter アカウント
@mikko_20100518

ディズニーに行く前に知っておくと得する66の知識

2015 年 5 月 7 日　第 1 刷発行
2015 年 8 月 19 日　第 6 刷発行

著　者　みっこ
装　丁　大場君人
イラスト　白井匠
協　力　伊藤源二郎　植谷聖也　大橋弘祐　菅原実優　須藤裕亮　竹岡義樹
谷綾子　中馬崇尋　芳賀愛　林田玲奈　樋口裕二　古川愛　前川智子
編　集　下松幸樹
発行者　山本周嗣
発行所　株式会社文響社
〒 105-0001　東京都港区虎ノ門 1-11-1
ホームページ　http://bunkyosha.com/
お問い合わせ　info@bunkyosha.com
印　刷　株式会社光邦
製　本　加藤製本株式会社

 ISBN コード：978-4-905073-14-7　Printed in Japan
この本に関するご意見・ご感想をお寄せいただく場合は、郵送またはメール（info@bunkyosha.com）にてお送りください。